LA THÉORIE
DES BIENS PUBLICS MONDIAUX

Une solution à la crise

© L'Harmattan, 2009
5-7, rue de l'Ecole polytechnique, 75005 Paris

http://www.librairieharmattan.com
diffusion.harmattan@wanadoo.fr
harmattan1@wanadoo.fr

ISBN : 978-2-296-07319-7
EAN : 9782296073197

Anne SUY

LA THÉORIE DES BIENS PUBLICS MONDIAUX

Une solution à la crise

Préface de
Catherine FABREGOULE

Logiques Juridiques
Collection dirigée par Gérard Marcou

Le droit n'est pas seulement un savoir, il est d'abord un ensemble de rapports et pratiques que l'on rencontre dans presque toutes les formes de sociétés. C'est pourquoi il a toujours donné lieu à la fois à une littérature de juristes professionnels, produisant le savoir juridique, et à une littérature sur le droit, produite par des philosophes, des sociologues ou des économistes notamment. Parce que le domaine du droit s'étend sans cesse et rend de plus en plus souvent nécessaire le recours au savoir juridique spécialisé, même dans des matières où il n'avait jadis qu'une importance secondaire, les ouvrages juridiques à caractère professionnel ou pédagogique dominent l'édition, et ils tendent à réduire la recherche en droit à sa seule dimension positive. A l'inverse de cette tendance, la collection *Logiques juridiques* des Éditions L'Harmattan est ouverte à toutes les approches du droit. Tout en publiant aussi des ouvrages à vocation professionnelle ou pédagogique, elle se fixe avant tout pour but de contribuer à la publication et à la diffusion des recherches en droit, ainsi qu'au dialogue scientifique sur le droit. Comme son nom l'indique, elle se veut plurielle.

Dernières parutions

Philippe KARPE, *Le droit des collectivités autochtones*, 2008.
Nélia CARDOSO-ROULOT, *Les obligations essentielles en droit privé des contrats*, 2008.
Jean-Claude DUCROS, *L'emprunt de l'Etat*, 2008.
Xhyher CANI, *Le canon de Scanderbeg au cœur du coutumier albanais*, 2008.
Daphné TAPINOS, *Prévention, précaution et responsabilité civile*, 2008.
Thi Thuy Duong TRAN, *Aspects juridiques de la participation des États de l'ASEAN à l'OMC*, 2008.
Alexis FRANK, *Le droit de la responsabilité administrative à l'épreuve des fonds d'indemnisation*, 2008.
Anne-Claire CHAUMONT, *L'Objectif de développement durable de l'organisation mondiale du commerce*, 2008.
Mireille MONNIER, *Le système administratif dans les établissements publics locaux d'enseignement*, 2008.
Panayotis POULIS, *Droit constitutionnel et institutions helléniques*, 2008.

Remerciements

Cet ouvrage trouve son origine dans le cadre d'un mémoire de DEA droit international et européen.

Je remercie ma directrice de mémoire Madame Catherine COLARD FABREGOULE, Maître de conférence de droit international public à l'Université Paris XIII, pour ses précieuses recommandations. Mes meilleurs remerciements vont également au professeur Yves NOUVEL qui a fait partie du jury lors de la soutenance du mémoire, dont les questions m'ont permis de développer une réflexion fructueuse.

Je pense également à Christian LORIN, de la Fondation Louis de Broglie, qui m'a continuellement encouragée et avec qui j'ai entretenu des discussions intéressantes sur le sujet.

Enfin, je remercie Jean Louis pour ses corrections et Sy ky pour son aide technique, qui ont beaucoup contribué à la réalisation de cet ouvrage.

Sommaire

1ère partie : le concept de biens publics mondiaux

Chapitre 1 : un concept réaction aux maux publics mondiaux

Chapitre 2 : un concept réaction aux intérêts privés

2ème partie : la mise en œuvre du concept de biens publics mondiaux dans l'ordre juridique international

Chapitre 1 : une mise en œuvre restrictive des biens publics mondiaux fondée sur des politiques économiques libérales

Chapitre 2 : un concept induisant un bouleversement des relations internationales

Préface

Il est finalement assez rare qu'un étudiant de troisième cycle d'études universitaires s'investisse énormément dans un sujet de mémoire, dans lequel il voit souvent davantage un exercice imposé qu'une réelle réalisation en matière de recherche.
Anne SUY déroge à cette règle. Etudiante d'un troisième cycle international et européen à l'Université de Paris 13 durant l'année universitaire 2006-2007, elle a choisi en la matière des *Biens publics mondiaux* un sujet difficile et novateur dans lequel il pouvait être périlleux d'engager un mouvement de recherche et la rédaction d'un mémoire. Peu de documentation juridique réelle, beaucoup de discussions en tous sens pour un sujet polémique pour lequel la prospective restait prépondérante. Anne SUY a su néanmoins en dépit de ces difficultés de départ apporter une réelle contribution à un débat moderne et a montré des qualités de recherche et de réflexion qui sont à souligner, car c'est bien de la *théorie* qu'elle a souhaité traiter. Postérieurement à sa soutenance, au cours de laquelle certaines faiblesses avaient été soulignées, Anne SUY a continué à porter son projet en y apportant certaines modifications et en prolongeant sa recherche au point de porter son projet de publication à son terme.
Il ne m'appartient plus de juger le mémoire d'Anne SUY, mais de recevoir une œuvre réfléchie et volontaire d'un auteur qui a su montrer détermination et constance dans son travail sur *ces biens* qui font *le bien*.

Catherine FABREGOULE

Liste des abréviations

ADPIC: Accord sur les droits de propriété intellectuelle et commerciale
AFDI : Annuaire français de droit international
Art. : Article
DUDH : Déclaration universelle des droits de l'homme
FIDH : Fédération internationale des droits de l'homme
FMI : Fond monétaire international
GATT : Accord général sur les tarifs douaniers et le commerce
Ibid. : Ibidem
OCDE : Organisation de coopération et de développement économiques
OIT: Organisation internationale du travail
OMC: Organisation mondiale du commerce
OMS : Organisation mondiale de la santé
ONG : Organisations non gouvernementales
ONU : Organisation des Nations Unies
Op. cit. : Opere citato
p. : Page
PNUD : Programme des Nations Unies pour le développement
PED : Pays en voie de développement
Rev. Arb. : Revue Arbitrale
RIDE : Revue internationale de droit européen
S. : Suivant
SDN : Société des nations
UNESCO: Organisation des Nations Unies pour l'éducation, la science et la culture
V. : Voir

Avant – propos

Les biens publics mondiaux, ou encore « *Les biens communs de l'humanité* »,[1] constituent un sujet d'une grande actualité. Ce sujet est vaste tant les biens publics sont nombreux et relèvent de nombreux domaines. L'internationalisation des biens publics élargit encore davantage leur portée car elle montre une multitude de biens publics liée à une multitude d'Etats qui ont chacun leur propre conception économico politique. En outre, avec la globalisation, de nouveaux biens communs à l'échelle mondiale sont apparus.

Ce livre n'a pas pour ambition d'aborder toutes les questions qui intéressent les biens publics dans l'ordre international. Il ambitionne simplement d'apporter une approche globale sur la notion même de ce nouveau concept. Celui-ci est né en 1999 d'un rapport du Programme des Nations Unies pour le Développement (PNUD), sous l'appellation anglaise de « Global Public Goods »,[2] en vue de développer une nouvelle approche de la coopération et de l'aide publique internationale, fondée non plus sur la charité, mais sur une co-responsabilité des Etats dans la préservation des intérêts communs.

Le concept s'est construit de manière dialectique pour répondre aux besoins de la société actuelle qui connaît l'émergence de maux publics de portée mondiale et l'insuffisance de protection

---

[1] Dénomination utilisée lors du discours de Nicolas Sarkozy à l'ONU le 25 septembre 2007 pour qualifier, entre autres, la nécessité de préserver l'environnement en adoptant une nouvelle approche de l'économie fondée sur le développement de nouvelles énergies non polluantes : http://www.actuenvironnement.com/ae/news/sarkozy_onu_news_deal_climat_3500.php4
[2] I. KAUL (dir.), *Biens publics mondiaux : la coopération internationale au XXIème siècle*, PNUD, Economica, 2002.

de l'intérêt public dans l'ordre international. Le concept ayant une finalité pragmatique tendant à combattre les maux publics, et à instaurer un système international fondé sur la reconnaissance d'une citoyenneté mondiale, il invite, au delà d'une analyse du régime des biens publics dans l'ordre international, à une étude prospective d'un système idéal qu'appelle de ses vœux la théorie des biens publics mondiaux.

La reconnaissance des biens publics mondiaux montre une volonté de bouleverser les données actuelles fondées sur la souveraineté des Etats, dans un monde où celle-ci n'est plus à même de réguler seule les activités des individus dans l'ordre international. Cette reconnaissance accompagne naturellement l'émergence d'une citoyenneté mondiale qui dépasse les frontières étatiques, et qui appelle une nouvelle régulation fondée sur un droit public mondial de nature supranationale.

Cette globalisation de biens publics est l'effet nécessaire d'une mondialisation de l'intérêt général, qui s'explique par une mondialisation des problèmes de société. Ce bouleversement engendre une insécurité et une lacune juridique pour la protection de l'intérêt public mondial, laquelle n'est pas encore accompagnée d'un régime spécifique. Les biens publics mondiaux, n'ayant pas encore de portée juridique évidente, nécessitent une étude complète qui aborde à la fois une dimension économique, politique et juridique de la question de la démocratisation de la société internationale.

L'intérêt de la recherche réside dans le fait qu'il n'existe pas d'approche globale des biens publics dans l'ordre international, en raison des disparités nationales des conceptions des biens publics. Cela exige une réflexion de synthèse portant sur la portée juridique, dans l'ordre international, des préoccupations d'intérêt public.

Cependant, l'actualité du sujet reste encore à définir. Le terme de « biens publics mondiaux » est peu usité dans l'actualité. Le concept demeure aujourd'hui un objet de recherche en milieu universitaire, un concept en construction, et encore peu un objet de débat de société, qui serait un prélude à la mise en place d'un régime juridique adapté.

La réalité d'une démocratisation de la société mondiale, ainsi que l'émergence d'un sentiment de citoyenneté du monde devraient, de fait, contribuer à faire de ce thème un débat de société et permettre ainsi l'émergence d'un droit public mondial. Ce souhait serait facilité par la libre circulation de l'information à l'échelle mondiale. A l'évidence, l'internationalisation des voies de communication est de nature à construire une conscience mondiale aboutissant à généraliser la démocratie.

Cet appel à mettre en place un droit public mondial a d'ailleurs été récemment lancé par Le Président de la République Française à la tribune de l'ONU le 25 septembre 2007. Celui-ci a appelé les gouvernements du monde à faire face au défi écologique, « *Le New Deal écologique et économique à l'échelle planétaire* »,[3] en adoptant une conscience collective commune pour préserver l'intérêt de la planète. Le Président français prône une moralisation du capitalisme financier et une meilleure répartition des richesses mondiales. Il envisage une responsabilité collective des Etats dans la lutte contre la déforestation et appelle à définir une nouvelle économie fondée sur une croissance propre basée sur le développement de nouvelles énergies non polluantes. Son discours appelle enfin les citoyens du monde à adopter une conscience mondiale dans la préservation des biens communs de l'humanité. La trame du discours appelle une meilleure volonté politique et une plus grande conscience collective citoyenne dans la préservation des intérêts mondiaux.

---

[3] *Ibid*

Ce livre a pour vocation de dédier à cette nouvelle idéologie une reconnaissance et apporte une base de réflexion pour d'ultérieures recherches.

Introduction

I. Le thème de la paix universelle remis à jour

Aux 18ème et 19ème siècles, en vue de contenir les guerres et les atteintes aux droits de l'homme, ont été créées des sociétés internationales pour la paix.

C'est ainsi qu'est né en 1892, à Berne, le Bureau international de la paix qui a reçu en 1910 le prix Nobel de la Paix. En 1907, la Cour d'arbitrage international de La Haye a été créée. Le 28 avril 1919, le Traité de Versailles, a mis sur pied, à Genève, la Société des Nations (SDN) pour promouvoir les conditions d'une paix fondée sur la diplomatie ouverte et transparente dans le respect du droit international. Cette organisation internationale a failli à sa mission en raison de l'émergence des totalitarismes, ajoutée à un mode de fonctionnement peu contraignant pour les Etats. Au lendemain de la seconde guerre, dans un même objectif de paix, ont été conclues la Charte des Nations Unies et la Déclaration universelle des droits de l'homme du 10 décembre 1948.

La Charte de l'Organisation des Nations Unies veut, en recourant aux institutions internationales, réaliser les buts communs des Etats, qui sont d'assurer la paix universelle en assurant le progrès social et le respect des droits de l'homme pour tous.[4] Par des résolutions, les Nations unies adoptent des programmes en vue de promouvoir la paix universelle[5] et le

---

[4] http://www.onu.fr/doc/infoge/charte.htm
[5] A titre d'illustration, voir la résolution A/53/25 du 19 novembre 1998 déclarant la Décennie Internationale de la promotion d'une culture de la non-violence et de la paix au profit des enfants du monde. § 3 : « *L'Assemblée générale des Nations Unies...invite les Etats membres à*

développement pour tous.[6] Ces deux thèmes sont interdépendants car la paix ne peut être obtenue qu'en présence d'une prospérité sociale. La paix internationale est assurée par le système onusien, qui fait du Conseil de Sécurité un gendarme mondial, seul habilité à autoriser le recours à la force. Le droit souverain de faire la guerre se trouve discipliné pour que la paix ne repose plus sur la volonté des Etats, mais sur un mécanisme de sécurité collective.[7] Il existe ainsi dans l'ordre international un système de politique publique en vue du maintien durable de la paix. Après la SDN, la nécessité de la paix a ainsi conduit à instituer un nouvel ordre mondial tendant à une approche institutionnelle, et non plus simplement diplomatique, des relations internationales. C'est dans cet esprit qu'a été créée l'ONU.

Mais le rêve d'une paix universelle ne passe-t-il pas aussi par la promotion d'une économie fondée sur des services publics mondiaux ? Le concept de biens publics mondiaux apporte cette proposition. Ainsi que nous l'avons déjà dit, la notion est issue d'un rapport présenté en 1999 par le PNUD : « *Les biens publics à l'échelle mondiale : la coopération internationale au 21e siècle* ».[8] Ce rapport relève quatre biens publics mondiaux : l'environnement, la santé, la connaissance et la paix. Il préconise la création d'un Conseil de tutelle mondial des Nations Unies qui assurerait le maintien des biens publics globaux.

---

prendre les mesures nécessaires pour que la pratique de la non-violence et de la paix soit enseignée à tous les niveaux de leurs sociétés respectives, y compris dans les établissements d'enseignement. »
[6] Objectif affiché dans la Déclaration du Millénaire de 2000 et le Plan de Johannesburg adopté au terme du Sommet mondial pour le développement durable en 2002.
[7] P. MOREAU DEFARGES, *Mondialisation*, Que sais-je?, PUF, 2005, pp. 75-83.
[8]*Ibid.*

La réflexion sur les biens publics est évolutive en fonction du degré de développement des sociétés. A partir du 19ᵉ siècle, la plupart des biens publics était principalement nationaux et relevait de la souveraineté nationale : la justice, la sécurité, la santé ou encore l'éducation, qui devaient être assurées par les Etats souverains. Les biens publics à dimension mondiale ne concernaient que les biens naturels communs, relevant de la souveraineté de plusieurs Etats, et régis par des traités internationaux tels que la haute mer,[9] l'union postale universelle pour la gestion internationale de la poste et des télécommunications. Par la suite, les risques se sont mondialisés et se sont portés sur des enjeux nouveaux. Ils concernent divers domaines : technologique, industriel, écologique, social. C'est alors que le monde connaît une globalisation des problèmes, qui appelle une réflexion sur le moyen de les contenir,[10] en recourant à la reconnaissance des biens publics globaux.

Le 20ᵉ siècle est principalement marqué par l'internationalisation des relations entre les sociétés, ainsi que par les atrocités liées à des guerres qui sont devenues mondiales. L'épreuve des deux grandes guerres a donné l'occasion à la raison humaine de tirer des leçons d'un monde cloisonné en souverainetés étatiques concurrentes. La paix mondiale ne pouvait exister que dans une communauté d'intérêts, de buts communs, dans laquelle les volontés étatiques sont mues par les progrès économiques et sociaux, et par le respect des droits de l'homme et du droit international.

Cette philosophie trouve ses racines dans la pensée de Kant, qui mettait déjà en avant la nécessité de construire un « *projet*

---

[9] La haute mer est aujourd'hui régie par la Convention internationale du 29 avril 1958.
[10] U. BECK, *La société du risque. Sur la voie d'une autre modernité*, Alto Aubier, 1986.

de paix perpétuelle »,[11] laquelle impliquait nécessairement de limiter les souverainetés étatiques.[12] Plus de deux siècles après, suite aux deux guerres mondiales, les Etats occidentaux ont décidé de discipliner leur souveraineté, de limiter leur liberté et leur autonomie en concluant entre eux des traités, afin que soit établie une paix fondée sur des buts communs et une discipline collective.

L'idée de paix universelle n'est donc pas nouvelle. Ce qui est nouveau, c'est la grande souffrance endurée par les populations meurtries par les atrocités des deux guerres, et surtout l'internationalisation, réelle et médiatique, de ces souffrances. Ces conflits ont relancé la problématique de la paix universelle.

La question des biens publics mondiaux, telle qu'elle est posée par le PNUD, suppose d'examiner la problématique de l'intérêt collectif mondial par rapport à deux caractéristiques majeures de la société internationale : une société de développement économique qui donne la prééminence à la propriété privée (II), et une société encore régie par le principe de coopération internationale (III).

---

[11] E. KANT, *Projet de paix perpétuelle*, 1795, essai philosophique, collection Mille et Une Nuits, n° 327, traduction de K. RIZET. Paris, 2001. Selon KANT, la paix doit reposer sur « *l'emboîtement harmonieux de plusieurs systèmes de droit, ceux internes aux Etats, celui entre les Etats, et celui englobant individus et Etats comme citoyens d'une cité humaine universelle* ».

[12] E. KANT, *Traité du droit des gens, dédié aux souverains alliés et à leurs ministres français*, Paris, A. Égron, 1814, p. 22.

II. La place de l'intérêt collectif dans un monde économique

La réflexion actuelle sur la notion de biens publics mondiaux suppose de l'examiner au regard d'une société qui s'est mondialisée grâce au développement des échanges économiques. Celui-ci a donné lieu à une prédominance de la protection des intérêts économiques sur les intérêts collectifs.

L'ère de la globalisation économique engendre la nécessité de repenser la théorie de l'intérêt général dans un contexte où les libertés économiques sont prédominantes : quelle est la place de l'intérêt collectif dans un monde où la protection des intérêts privés va croissant ? Est ainsi posée la question de l'existence d'une morale économique. La recherche d'un intérêt public dans un monde économique suppose d'introduire un idéal d'équilibre entre intérêt privé et intérêt public. C'est la question de l'ordre public économique mondial soucieux de maintenir une cohésion sociale. Les économistes, qui se bornent à décrire les mécanismes économiques, pensent qu'il n'y a pas de morale dans l'économie, tandis que les politiques ne peuvent l'exclure car leur rôle est de conduire l'économie pour satisfaire le peuple.

Cette interrogation conduit à se demander quelle est la place du droit et de la politique dans le fonctionnement des marchés, car le libéralisme économique peut engendrer des inégalités qu'il convient de maîtriser par la volonté politique et à l'aide d'un instrument juridique.

III. La place de l'intérêt collectif dans un monde régi par une régulation interétatique

Il est également nécessaire de repenser la situation des biens collectifs dans un monde d'interactions croissantes et de globalisation des sociétés humaines.

Comment définir l'intérêt collectif dans une société mondiale qui, tout en ayant des besoins collectifs nouveaux qui transcendent les frontières, fonctionne encore sur un mode interétatique permettant de privilégier les intérêts nationaux des Etats ? Comment définir l'intérêt mondial dans un monde fondé sur la coordination des intérêts étatiques ? Compte tenu du fonctionnement de la société internationale encore principalement fondé sur les souverainetés étatiques en tant que sujets légitimes de droit international, comment réaliser le concept de biens publics mondiaux qui invite à dépasser les conceptions nationales de la propriété publique ? Dans la mesure où le bien universel suppose que l'intérêt de la société mondiale autonome soit distinct des intérêts des Etats, comment le réaliser dans un cadre où les volontés étatiques ont un pouvoir tel, qu'elles peuvent privilégier leurs intérêts propres aux dépens de ceux de la planète entière ? En effet, alors que la réalité de la société mondiale ne connaît plus de frontières étatiques, le monde demeure juridiquement organisé autour d'Etats souverains et inégaux dans le cadre d'une société interétatique, non encore régie par un ordre supranational.

La réflexion sur la notion de biens publics mondiaux nous invite à nous interroger sur la notion même de ce concept récent (première partie), ainsi que sur ses effets dans l'ordre international (deuxième partie).

Au titre de la réflexion sur le concept, l'importance a été mise sur les problèmes mondiaux à l'origine de cette théorie qui a pour vocation de dégager une meilleure régulation dans une société capitaliste de plus en plus marquée par le primat de l'intérêt privé sur l'intérêt public. Le concept de biens publics mondiaux est un remède à ce déséquilibre qui résulte d'une politique économique privatiste imprégnant tout le reste du tissu social de la société mondiale. Un tel déséquilibre ne peut qu'aboutir à des « maux publics globaux »,[13] puisque le primat de l'intérêt privé sur l'intérêt public se fait aux dépens de ce dernier. C'est pourquoi le concept semble être simultanément un remède aux maux publics mondiaux (I A) et à cette prééminence des intérêts privés (I B).

Quant à la mise en œuvre du concept, il convient d'examiner ce qui existe déjà dans le régime international pour protéger les intérêts publics, avant de voir comment il organise la protection des biens publics mondiaux (II A). Une protection suffisante suppose à la fois d'être autonome par rapport au marché et d'avoir une approche globale des relations internationales. Ceci nous conduit à bouleverser l'ordre international actuel, fondé sur le marché, les principes de la souveraineté étatique et la coopération internationale, ainsi que le principe de spécialité des traités (II B).

---

[13] I. KAUL (dir.), *Biens Publics Mondiaux : la coopération internationale au XXI ème siècle*, PNUD, Economica 2002, pp. 200 et s.

Première partie : le concept de biens publics mondiaux

Le concept remonte au 18ᵉ siècle avec David Hume, qui a définit dans son Traité de la nature humaine publié en 1739, la difficulté inhérente à la production de biens publics. Trois décennies plus tard, Adam Smith reprend à sa façon le sujet dans son ouvrage Recherches sur la nature et les causes de richesse des Nations, en reconnaissant la contribution des initiatives privées dans l'émergence de biens publics.[14] Enfin, à partir de 1950, Paul Samuelson reprend à son compte la question en analysant l'acception économique des biens publics.[15]

Selon le PNUD, les maux publics à l'échelle mondiale s'expliquent par une insuffisance de biens publics à cette même échelle.[16] C'est déduire que la mise en œuvre de la conception libérale de l'intérêt public, qui prône les initiatives privées pour promouvoir l'intérêt collectif, n'est plus suffisante pour assurer l'ordre mondial et endiguer les maux qui le frappent. Seuls les biens publics mondiaux sont à même de remédier à ces problèmes. La privatisation de la société mondiale ne peut plus assurer l'intérêt collectif, et cette logique se déduit de la théorie économique des biens publics de Paul Samuelson. Celui-ci met

---

[14] A. SMITH, *Recherche sur la nature et les causes de la richesse des nations*, 1776, Flammarion, 1991.
[15] P. SAMUELSON, *The Pure theory of Public Expenditure*, The Review of Economics and Statistics, 1954.
[16] I. KAUL (dir.), *op. cit.*, p. 6. Voir également *Le Monde Diplomatique*, « Biens publics globaux, un concept révolutionnaire », juin 2000, dans lequel est mis en exergue le fait qu'il y a une interdépendance entre maux publics mondiaux et biens publics mondiaux, la production de ceux-ci diminuant l'existence de ceux là.

en exergue que les caractères de non-rivalité et de non-exclusivité[17] dans la consommation des biens publics, entraînent une pénurie dans la production desdits biens.

L'insuffisance des biens publics mondiaux provoquant des problèmes mondiaux, le concept intervient comme une réaction à ce problème (chapitre 1).

La globalisation économique s'est construite pour satisfaire les intérêts privés en excluant de son champ, le souci des intérêts publics. Elle a généré un déséquilibre entre intérêts privés et biens publics. En outre, la diversité des conceptions économique, politique et culturelle du monde, ainsi que les principes de souveraineté nationale et de coopération internationale montrent également que la prise en compte des intérêts généraux se fait essentiellement au niveau des Etats. Ce qu'entend précisément remettre en cause la théorie des biens publics mondiaux, qui inscrit l'intérêt général au niveau mondial.

Le concept s'inscrit donc en réaction aux intérêts privés, entendus simultanément comme intérêts économiques et comme intérêts nationaux (chapitre 2).

---

[17] P. SAMUELSON, dans son ouvrage *The Pure theory of Public Expenditure*, donne une définition économique de la théorie des biens publics en la dotant de deux caractéristiques : la non-rivalité dans la consommation des biens publics, qui implique qu'ils profitent à tous ; et la non-exclusivité, qui implique que la consommation par les uns ne diminue pas le même bénéfice pour les autres.

Chapitre 1 : un concept réaction aux maux publics mondiaux

Dans les programmes internationaux, on vise le plus souvent la réduction des maux plutôt que la production des biens publics mondiaux. On intervient après coup, lorsque le mal s'est déjà réalisé et qu'il faut en maîtriser les conséquences. Le concept s'inscrit au contraire dans une démarche positive consistant à produire des biens publics à l'échelle mondiale afin de prévenir les maux collectifs.[18] Il est une réaction aux maux publics mondiaux dont la définition est utile pour comprendre la notion remède de biens publics mondiaux.

La nature (section 2) et la portée (section 3) des maux publics mondiaux expliquent en quoi l'émergence de problèmes mondiaux (section 1) nécessite une réflexion sur une globalisation des biens publics.

Section 1 : l'émergence des maux publics mondiaux

Les interdépendances croissantes résultant de la globalisation des sociétés, conduisent à une internationalisation, tant des bénéfices que des problèmes (I), et engendrent de nouveaux enjeux pour la société internationale (II).

---

[18] I. KAUL, *op. cit.*, pp. 200-03.

I. Les effets positifs et négatifs induits par la globalisation

Le développement des relations internationales est marqué par une montée grandissante des interdépendances liées aux échanges dépassant les frontières nationales. Les questions qui, classiquement, relevaient des ordres internes et de la responsabilité souveraine des Etats, appellent aujourd'hui une réflexion multilatérale compte tenu des interactions. Si la globalisation permet des échanges entre des individus et l'accroissement des richesses mondiales, ainsi qu'une possibilité d'accès au développement pour les pays pauvres, elle engendre un risque de diffusion des problèmes d'un Etat à l'échelle mondiale. C'est l'effet négatif de la mondialisation. La mondialisation conduit à une internationalisation des problèmes et des bénéfices. L'effet est positif lorsqu'il est au service d'un bénéfice, qui, ayant sa source au niveau d'un Etat, profite, in fine, à un plus grand nombre, voire à toute la planète. L'éradication d'une maladie par exemple est profitable à la planète entière. L'interdépendance devient en revanche un problème si un risque local se propage à l'échelle mondiale. Elle est alors au service d'une généralisation du problème au-delà des frontières. La maladie est un risque qui peut atteindre tous les habitants de la planète.

Ces interdépendances croissantes des sociétés sont à l'origine d'une « globalisation des risques »,[19] et font apparaître des problèmes qui sont susceptibles d'affecter tous les Etats. Si le développement économique international a permis d'accéder au progrès et au développement, il constitue en revanche, à certains égards, une menace pour l'environnement. Il a également engendré des inégalités croissantes entre les Etats à

---

[19] U. BECK, La société du risque, sur la voie d'une autre modernité, Alto Aubier, 1986.

fort potentiel économique et ceux qui sont restés hors du système économique mondial.[20]

Ces problèmes constituent des maux publics mondiaux. Face au constat d'une internationalisation des risques, qui échappe à la compétence isolée des Etats, les internationalistes ont cherché un remède à ces maux en déployant la notion contraire de globalisation des biens publics, ou biens publics mondiaux. A la globalisation des risques répond donc la globalisation des biens publics.

II. Les nouveaux problèmes résultant de la globalisation

Mais l'internationalisation des sociétés n'engendre pas qu'une globalisation des bénéfices et des risques. Elle est également à l'origine de nouvelles questions, liées à une globalisation qui prône une compétition économique effrénée dans un contexte de pauvreté grandissante, d'insécurité et d'atteinte à l'environnement. Ces nouveaux problèmes de la société mondiale s'expliquent car les maux publics ne sont pas immuables, ils sont fonction des aspects d'une société à un moment donné. Les principaux besoins actuels de la société mondiale sont liés à la préservation de l'environnement dans une société économique qui visiblement le menace. Plus précisément, un enjeu majeur réside dans la conciliation du droit à l'environnement des pays développés caractérisés par une économie de services et de technologies, avec un droit au développement des pays émergents, tels que l'Inde et la Chine, dont le processus de développement au stade de l'industrialisation engendrent de grandes pollutions. Le droit

---

[20] P. MOREAU DEFARGES, *Mondialisation*, Que sais-je ?, PUF, 2005, pp.64-70.

international ne consacre pas expressément un droit au développement aux pays pauvres, mais plusieurs instruments internationaux s'attachent à souligner l'importance de sortir ces pays de la pauvreté, ce qui ébauche l'idée d'un droit au développement.[21] L'existence d'un programme des Nations unies pour le développement illustre cette préoccupation. Comment concilier les deux impératifs de développement et de protection de l'environnement qui sont tous deux également légitimes ? Le PNUD propose de mettre en œuvre un programme de développement durable et de réduction des inégalités économiques.

Un autre enjeu est l'éradication de la pauvreté dans une société d'accumulation des richesses. N'y a t-il pas un non-sens à voir grandir la pauvreté dans une société qui produit de la richesse ? N'y a-t-il pas un problème de répartition des richesses mondiales lié à une trop forte protection des intérêts particuliers au mépris des besoins collectifs ? La société mondiale est caractérisée par un processus de concentration des richesses, en lieu et place d'un système de redistribution équitable des richesses. Ce sont là des nouveaux enjeux résultant de la recherche d'un nouvel ordre mondial, d'une nouvelle cohésion mondiale qui se soucie davantage des intérêts collectifs de la société internationale.

La globalisation des problèmes et les nouveaux enjeux de la société internationale sont tous deux susceptibles d'engendrer des maux publics mondiaux dont il convient de définir la nature (section 2) puis la portée (section 3).

---

[21] Un des instruments qui prônent le droit au développement est la Déclaration sur le droit au développement adoptée par l'ONU dans sa résolution 41/128 du 4 décembre 1986, Haut Commissariat aux droits de l'homme des Nations Unies.

Section 2 : la nature des maux publics mondiaux

I. Le caractère concret [22] des maux publics : la nécessité de définir un remède

Le premier caractère des maux publics réside dans leurs effets négatifs, entendus comme préjudices, nuisances, souffrances palpables qui frappent l'humanité et qui se manifestent de façon visible.

Ainsi, le crash boursier de 1929 et les deux guerres mondiales ont montré non seulement que certains problèmes pouvaient se propager à l'échelle mondiale, mais surtout que l'on n'accède à une pleine conscience de ces problèmes que lorsque ceux-ci se sont réalisés. A cet égard, l'apport de la philosophie est intéressant. Au 17ème siècle, la thèse leibnizienne affirme que *« le mal est la condition du bien. Il rend possible le bien. Le monde est harmonie et le mal rend possible le bien un peu comme dans un tableau, les ombres rehaussent les couleurs et la lumière. Le mal est nécessaire pour mettre en évidence le bien ».*[23] Cette thèse estime que le mal peut être évité et la souffrance surmontée par la raison, que le mal est un *« bienfait lorsqu'il nous avertit pour éviter ce qui nous est nuisible ».* Pour illustrer sa théorie, Leibniz décrit une vérité universelle : *« Si je n'avais pas mal quand j'approche ma main d'une flamme, je l'y laisserais et elle se carboniserait ».* Du mal peut donc sortir le bien.

---

[22] I. KAUL, *op. cit.*, p. 200
[23] http://perso.orange.fr/sos.philosophie/op.cit.leibniz.htm.

La thèse leibnizienne trouve une justification concrète dans la réflexion sur l'élaboration d'une paix internationale après les atrocités des deux guerres mondiales du 20ème siècle par la SDN puis, par la suite, par les Nations Unies. C'est parce que l'humanité a souffert de maux qu'elle avait fait appel à la raison humaine pour définir un moyen de les contenir. Le remède résidait dans la mise sur pied d'intérêts communs, et notamment les intérêts économiques, puisqu'il y avait une forte aspiration des peuples à accéder aux échanges commerciaux et au développement. La paix internationale ne semblait être accessible que si l'on mettait en place des relations économiques, au nom desquelles les Etats ont tout intérêt à entretenir des relations politiques pacifiques les uns avec les autres. C'est ainsi qu'étaient née la Société des Nations après la Première guerre mondiale, et le GATT en 1947 après le second conflit. C'est dans le même esprit qu'a été fondée la Communauté européenne en 1957.

Mais c'est là une approche négative de la paix universelle et du bien collectif. C'est une vision régressive de la paix, une pédagogie de la catastrophe qui ne correspond pas aux capacités des hommes à construire un projet de paix. Une approche dynamique voudrait au contraire que l'on réfléchisse par anticipation sur les moyens d'instaurer la paix et le bien mondial sans avoir besoin d'attendre que des problèmes se soient déjà manifestés pour en tirer les conséquences. C'est envisager la mise en place d'une politique mondiale prospective fondée sur le principe de précaution. Le concept de biens publics mondiaux répond à cette démarche. La volonté peut faire exister un bien indépendamment de tout problème.

La notion de biens publics mondiaux a une connotation positive par rapport à l'esprit onusien actuel, qui consiste à affirmer qu'il n'y a de paix qu'en l'absence de guerre, qu'il faut tout mettre en œuvre pour éviter la guerre. Pour enrayer les problèmes mondiaux, le concept de biens publics mondiaux envisage une approche préventive plus dynamique, en instaurant des conditions optimales de la paix. Non pas que le monde ait déjà été frappé par des maux publics, mais que des chercheurs mettent à contribution leurs savoirs pour guider les politiques sur les meilleures décisions à prendre pour le profit de tous. Telle est l'approche qui doit être préconisée pour mettre en œuvre le concept de biens publics mondiaux. Et cette revendication est d'autant plus légitime qu'émergent déjà aujourd'hui des institutions appelées « think tank » ou « réservoir d'idées », venues des Etats-Unis. Ces fondations, composées de chercheurs, réfléchissent sur l'avenir du monde et édictent des rapports et recommandations à l'adresse des gouvernements. Partant, la survenance de problèmes n'est pas nécessaire pour définir l'intérêt général. La raison humaine voudrait au contraire qu'on arrive à instaurer des conditions optimales de satisfaction de tous sans attendre la survenance de maux publics. Si les maux publics mondiaux aident à définir les biens publics mondiaux, ils n'en sont pas la condition nécessaire.

Sans vouloir être exhaustif, car nous nous limitons à la dimension économique et sociale de la question, il est utile de relever une typologie des maux publics mondiaux intéressant cette dimension.

A. Atteinte à l'intégrité de la terre

Les souffrances des hommes ont toujours existé, elles ne sont pas nouvelles. Ce qui est plus récent, en raison des connaissances scientifiques et technologiques, c'est la prise de conscience de la souffrance de la terre et des risques de pénurie et de santé que cela peut engendrer pour les générations futures.

En 1968, Garrett Hardin décrivait la surexploitation des ressources naturelles des prairies communales à l'origine d'un surpâturage et d'une dégradation du sol.[24] Il dégage l'idée qu'une activité économique et industrielle sans contrôle peut entamer l'intégrité de la terre, ce qui est un mal public préoccupant. Ces maux de la terre sont manifestes. En effet, de façon visible, l'explosion démographique et l'industrialisation perturbent les équilibres naturels : déforestation, disparition des ressources, des espèces animales et végétales, atteinte à l'écosystème, pollution, désertification. En application du programme M&B (the Man and the Biosphere), l'Unesco a établi une liste de biosphères qui protège la nature tout en préservant l'activité humaine. Cette initiative annonce la problématique de la préservation de l'environnement, qui ne doit cependant pas être conçue de manière à interdire tout développement économique. C'est le concept de développement durable qui intègre une préoccupation économique dans le respect de l'environnement. Nous verrons ultérieurement que le régime international de la protection de l'environnement reflète cette préoccupation en privatisant la mise en œuvre du respect de l'environnement.

B. Atteinte à la prospérité sanitaire

Souffrance palpable également, les crises sanitaires mondiales, telles que le sida, les épidémies humaines et animales, peuvent engendrer de nombreux décès et être à l'origine de maux publics mondiaux. Aussi, l'OMS travaille à maîtriser ces maux, mais l'efficacité n'est pas toujours de mise. Certes, le statut de l'OMS l'autorise à intervenir en zone de risque en cas de risque sanitaire mondial, mais l'effectivité de

---

[24] G. HARDIN, *The Tragedy of the Commons*, Science 162, 1243-1248, 1969, p. 1244.

cette action dépend beaucoup de la collaboration et de l'alerte des autorités locales.

Par ailleurs, la question du droit à la santé se pose dans une société qui intègre le secteur de la santé dans la libéralisation économique. En effet, le système des brevets, en augmentant le prix, réduit l'accès aux médicaments. Dès lors que le droit à la santé dépend des règles du marché, que signifie encore ce droit s'il ne relève plus de la politique ou de la sphère juridique, mais des enjeux économiques ? Si on laisse le marché travailler à guérir, le droit à la santé peut être menacé car « *l'entreprise ne va pas investir dans la recherche et la production de médicaments pour lesquels il n'existe pas de marché solvable* »,[25] alors que la majorité de la population la plus exposée aux maladies représente un marché insolvable. On sait que des multinationales pharmaceutiques détentrices de médicaments peuvent décider de ne pas les commercialiser dans des pays dont le marché n'est pas solvable, ce qui va à l'encontre du bien public mondial de la santé. Cette situation n'est pas de nature à endiguer les crises sanitaires mondiales.

C. Atteinte à la justice économique

Déjà, au 16ème siècle, Thomas More nous décrit les maux résultant de l'irruption du capitalisme dans le monde rural de l'élevage de moutons, poussée par le développement de l'industrie lainière. Les effets sont catastrophiques : des ravages sociaux liés à la disparition des anciennes « tenures », terrains communaux à usage collectif qui contribuaient à la subsistance

---

[25] B. REMICHE, « Le brevet pharmaceutique entre intérêts privés et publics : un équilibre impossible ? », *RIDE*, 2000, p. 197.

des paysans, privant ainsi les populations pauvres des moyens d'existence.[26]

Cet exemple nous le montre, l'impératif économique ne doit pas faire l'impasse sur l'impératif social car l'économie ne peut s'épanouir pleinement sans une certaine cohésion sociale. Or, celle-ci ne peut être atteinte sans l'ingérence de volonté politique dans la sphère économique pour faire de cet impératif de cohésion sociale un bien public qui participe à la légitimité et à la durabilité de l'activité économique.

L'observation montre que même si la globalisation économique produit une richesse globale et permet au plus grand nombre d'accéder à des produits de consommation, elle engendre une injustice dans la répartition des richesses, puisque des inégalités se creusent malgré l'accroissement des richesses.[27] Cette affirmation a été défendue par un prix Nobel d'économie Joseph E. Stiglitz, qui a déclaré que « *La libéralisation commerciale a contribué à une dégradation des économies de beaucoup de pays en développement. Elle a été programmée par les pays occidentaux pour eux-mêmes en ne tenant pas compte de ses effets sur les autres pays. Ils ont ainsi obtenu des gains disproportionnés* ».[28] Il doit donc exister un système de régulation permettant de réconcilier le développement économique avec une certaine protection sociale des populations qui en ont besoin. C'est là un impératif qui est un bien public mondial.

---

[26] T. MORE, *L'Utopie ou Le traité de la meilleure forme de gouvernement*, traduction de M. DELCOURT, Flammarion, 1987, pp. 83-133.
[27] PNUD, *Rapport mondial sur le développement humains 2002*, pp. 17 et s. Selon ce rapport, en 1999, 1,2 milliard d'individus vivaient avec moins d'un dollar par jour.
[28] J. E. STIGLITZ, interview au Monde du 6 novembre 2001.

Si le développement économique est un besoin de progrès, ce progrès ne peut raisonnablement se réaliser sans une certaine dose de protection sociale pour les plus nécessiteux en raison de l'accroissement des inégalités économiques qu'il implique.

D. Atteinte à la sécurité internationale

Depuis la fin de la guerre froide, la globalisation des sociétés a donné lieu à un nouveau contexte d'insécurité. Il est désormais question d'atteinte à l'environnement, de trafics de stupéfiants, de propagation des maladies, de terrorisme. Alors qu'auparavant l'insécurité résidait dans le risque d'atteinte à l'intégrité territoriale et à la souveraineté étatique par des agressions extérieures, désormais, l'insécurité touche directement les individus du fait de la libéralisation des frontières et les conflits s'expriment sous forme de guerres civiles et de groupes organisés indépendants de toute souveraineté nationale. Les Etats ne sont plus les seuls exposés à l'insécurité internationale. Du fait de la globalisation et de l'ouverture des frontières, celle-ci intéresse désormais aussi les individus. C'est dans ce contexte que sont apparus les thèmes de « *sécurité humaine* »[29] et du développement durable de

---

[29] Le terme de « *sécurité humaine* » est apparu en 1994 dans le rapport sur le développement humain du PNUD intitulé « Nouvelles dimensions de la sécurité humaine » qui prône des approches internationales novatrices pour éliminer les causes de l'insécurité. Plus tard, en 2001, une Commission internationale de l'intervention et de la souveraineté des Etats (CIISE) souligne qu'en cas de carence des instances nationales, la Communauté internationale a la « *responsabilité de réagir et de reconstruire* ». Parallèlement, la Commission de la sécurité humaine (CSH) a pour mandat d'élaborer un concept de la Sécurité humaine pour les Nations unies. Son rapport *La sécurité humaine maintenant*, publié en 2003, définit les moyens d'assurer les libertés civiles essentielles. Un Comité consultatif œuvre depuis à la mise en place de recommandations. En 2006, la Déclaration de

l'homme qui passent par l'éradication de la pauvreté ainsi que le droit aux services de base pour tous. Le thème de la sécurité humaine a bouleversé l'approche diplomatique des relations internationales. Il efface les Etats et place l'individu et ses besoins fondamentaux au cœur des relations internationales. Considérant l'individu comme le titulaire de la protection, ce concept suppose d'instaurer un ordre social solidaire et juste pour prévenir les situations de conflits.[30]

La question de renforcer le droit d'intervention humanitaire est récurrente depuis que la communauté internationale a échoué à assurer la paix au Rwanda en 1994 et au nord du Kosovo en 1999.

Les expériences passées ont montré que la communauté internationale est incapable d'assurer le respect des droits de l'homme si elle devait s'en tenir au respect du principe de la souveraineté étatique et au devoir de non-ingérence. Le respect de ce principe va à l'encontre de l'impératif d'une intervention humanitaire par la collectivité internationale, en cas de crise grave et de violations flagrantes des droits fondamentaux de l'homme. C'est pourquoi le Conseil de sécurité peut mettre en oeuvre un droit d'ingérence humanitaire permettant de déroger à ce principe. Pour tout individu, cette dérogation est de droit, compte tenu de la responsabilité de la communauté internationale dans la préservation de la paix mondiale, ainsi que dans son obligation d'assurer à tout être humain les conditions de son bon développement, en vertu de la Charte des

---

Saint-Boniface sur la sécurité humaine évoque les nouveaux enjeux et entérine la notion de responsabilité de protéger :
http://www.rfi/Fichiers/MFI/PolitiqueDiplomatie/1746.asp

[30] J.-F. RIOUX (dir.), *La sécurité humaine, une nouvelle conception des relations internationales*, L'Harmattan, 2001.

Nations Unies.[31] Le Document final du Sommet mondial des Nations Unies de septembre 2005 a entériné le principe de la responsabilité de protéger de la Communauté internationale.[32] La question est aujourd'hui de savoir quels sont les critères de mise en œuvre du droit d'ingérence pour protéger les droits de l'homme. Et s'il existe un seuil de gravité de violation des droits de l'homme justifiant un droit d'ingérence dans les affaires internes d'un Etat.

Le problème est aussi que l'existence de ce droit n'évite pas l'inertie de la communauté internationale, notamment lorsqu'un membre s'oppose à toute intervention, l'unanimité des cinq Etats permanents du Conseil de sécurité étant nécessaire.[33] Un vote à la majorité serait mieux à même d'assurer la paix indépendamment des intérêts des Etats. Pour l'heure, en l'absence d'un tel mode de décision, le Conseil de sécurité ne remplit pas pleinement son rôle de gendarme mondial.

On sait que *« la pauvreté des uns sape la prospérité des autres »*.[34] Pour vivre dans un monde en paix, les Nations Unies préconisent une forme de coopération entre les pays développés et les pays en développement. Telle est la théorie de l'aide au développement internationale. Un auteur a écrit

---

[31] Selon l'article 22 de la DUDH de l'ONU, *« toute personne, en tant que membre de la société, a droit à la sécurité sociale ; elle est fondée à obtenir la satisfaction des droits économiques, sociaux et culturels indispensables à sa dignité et au libre développement de sa personnalité, grâce à l'effort national et à la coopération internationale, compte tenu de l'organisation et des ressources de chaque pays »*.
[32] Art. 80 du Document final du Sommet mondial des Nations unies de septembre 2005 : *« ...le Conseil de sécurité a la responsabilité principale du maintien de la paix et de la sécurité internationale »*.
[33] Le Conseil de sécurité se compose de 15 membres, dont 5 membres permanents - Chine, Etats-Unis, Fédération de Russie, France et Royaume-Uni - et 10 membres non permanents.
[34] I. KAUL, « Biens publics globaux, un concept révolutionnaire », *Le Monde Diplomatique*, juin 2000.

qu'« avoir, posséder représente toujours une contrainte, un handicap, car celui qui n'a pas ne peut qu'être tenté de dérober ce dont il est privé, cette privation excitant le plus souvent un sentiment d'injustice ».[35] Il est bon de répéter que l'objectif ultime de la formation de la société mondiale était, dans l'esprit de la SDN et de l'ONU, la préservation de la paix mondiale, c'est là un bien public mondial par excellence.

E. Atteinte à la cohésion mondiale

Les privations économiques ainsi que celles qui sont liées aux droits sociaux et au respect des droits de l'homme sont à l'origine des mouvements de migration des populations pauvres vers des pays plus riches et plus respectueux des droits fondamentaux. Ce phénomène engendre une désorganisation des Etats de destination qui doivent faire face à de nombreux clandestins et adopter une politique restrictive d'immigration. Dans les Etats pauvres, il conduit à vider ces Etats de leurs potentiels humains. Il en résulte des déséquilibres économiques et démographiques qui portent atteinte à la cohésion mondiale. Il convient dès lors d'instituer des conditions en vue d'une meilleure répartition des ressources humaines qui sont sources de richesses économiques. L'objectif devrait être de freiner les mouvements de populations, et de développer à la source les conditions d'une meilleure intégration des pays en développement dans la globalisation économique. C'est là un bien public mondial fondamental qui participe d'une cohésion mondiale.

---

[35] P. MOREAU DEFARGES, *Mondialisation*, Que sais-je ?, PUF, 2005, pp.64-74.

F. Atteinte à la transparence dans les relations internationales

La question de l' « *économie informelle transnationale* »[36] pose le problème de la transparence dans les échanges internationaux. Les trafics d'êtres humains, les paradis fiscaux et la criminalité financière, la corruption des gouvernants, l'abus de biens sociaux, la prise illégale d'intérêts, les détournements de fonds et tous les autres trafics commerciaux illicites, dont la contrefaçon, constituent des maux publics mondiaux. L'ordre mondial invite à instituer une transparence dans les échanges internationaux car les trafics illégaux déstabilisent l'économie mondiale et se font au mépris de l'intérêt général. Pour enrayer ce phénomène, les Etats sont invités à collaborer et à adopter une orientation commune sur ces questions. Il doit en résulter des réglementations internationales auxquelles adhèrent tous les Etats.

II. Le caractère abstrait des biens publics mondiaux

Le concept de biens publics mondiaux est une réflexion pour contenir les maux publics mondiaux (A), qui est basée sur une justification morale tendant à responsabiliser les Etats (B) et les inciter à définir des objectifs communs à atteindre (C).

---

[36] *Les coulisses de la mondialisation, Economie informelle transnationale et construction internationale des normes*, Les Cahiers de la sécurité intérieure, n° 52, 2003, pp.9-30.

A. Les biens publics mondiaux : une réflexion pour contenir les maux publics mondiaux

L'idéologie des biens publics mondiaux tend à remédier aux problèmes éprouvés et à définir des conditions optimales de l'intérêt collectif face au caractère visible et palpable des maux publics. Souvent, des biens publics ont été conçus après que des maux publics aient été éprouvés. Un mal public a frappé la collectivité parce qu'il y a une absence ou une insuffisance de protection dans le domaine en question. Cette lacune provenant d'une absence naturelle d'incitation à produire la situation de bien-être,[37] il convient de responsabiliser les individus et les Etats en leur expliquant que la situation les concerne directement, pour les impliquer davantage dans la production des situations bénéfiques. C'est dans cet esprit qu'est né le concept de biens publics mondiaux initié par le PNUD pour développer une nouvelle approche de la coopération et de l'aide publique internationale, fondée non plus sur la charité, mais sur une co-responsabilité des Etats dans la préservation des intérêts mondiaux.

Le concept est une construction intellectuelle pour faire face aux problèmes mondiaux et fait, des Etats et des individus, les bénéficiaires directs des situations résultant de leurs efforts.

Le bien-être de tous ne peut se réaliser que dans une société mondiale plus sûre, plus responsable et plus juste. Une société plus sûre implique de maintenir la paix mondiale, de contenir le terrorisme, les conflits, les crises sanitaires et financières.

---

[37] P. SAMUELSON, dans son article précité, explique que l'insuffisance de production de biens publics résulte de leurs caractères de non-rivalité et de non-exclusivité en raison de « l'échec du marché » ; l'individu ne tirant aucun avantage personnel dans la production mais seulement dans la consommation de ces biens, il en résulte une situation de pénurie des biens publics.

Le bien-être de tous implique également de vivre dans une société plus responsable de son environnement et plus solidaire. Une société plus juste qui suppose un meilleur partage des richesses mondiales, car les inégalités portent en elles les germes de futurs conflits internationaux. Le monde a tout à gagner à développer des solidarités économiques entre les pays en vue d'une meilleure répartition des richesses. La paix repose sur un ordre économique mondial équilibré et solidaire fondé sur une morale économique mondiale dont la responsabilité incombe aux Etats.

B. La justification morale du concept de biens publics mondiaux : responsabiliser les Etats dans la préservation des intérêts communs

Le rapport final[38] du groupe de travail de Inge Kaul a conclu que l'aide internationale au développement devait trouver sa légitimité non sur le fondement d'une charité, mais sur l'idée que la pollution, la pauvreté, les épidémies et les conflits, sont des domaines de protection dont la fragilité intéresse directement tous les pays, qui ne doivent pas considérer ces questions comme étant des affaires extérieures, mais comme des questions internes qui les concernent directement.

Le concept a donc pour ambition de responsabiliser les Etats dans la préservation des intérêts collectifs mondiaux. Cette thèse rappelle l'utilité de la pensée fondamentale de Léon Duguit d'après laquelle « *relève du service public toute activité dont l'accomplissement doit être assuré, réglé et contrôlé par les gouvernants, parce que l'accomplissement de cette activité est indispensable à la réalisation et au développement de l'interdépendance sociale, et qu'elle est de telle nature qu'elle*

---

[38] *Ibid.*

ne peut être réalisée complètement que par l'intervention de la force gouvernementale ».[39] Fondamentalement, cette thèse reconnaît que l'intérêt général est une justification suffisante à l'obligation de l'autorité publique d'assurer les conditions de sa protection, en déployant des actions contraignantes en ce sens. En vertu de cette théorie, les questions d'intérêt mondial intègre la sphère politique, et relève ainsi directement de la responsabilité collective des Etats.

La liberté économique que consacre l'idéologie néolibérale est celle du « renard libre dans le poulailler libre », expression imagée de Karl Marx pour dénoncer le libéralisme américain. Lacordaire a écrit qu' « *entre le fort et le faible, c'est la liberté qui opprime et la loi qui affranchit* ». Et John Locke de considérer que la liberté implique la responsabilité et l'égalité.[40] La liberté économique que consacre l'ordre international est de nature libérale; le marché peut être contraire à la réalisation des intérêts collectifs. Ceux-ci ne peuvent être assurés que grâce à une approche institutionnelle fondée sur le droit. Il faut donc des lois qui protègent les intérêts publics. La liberté économique n'est donc pas sans bornes, elle doit être maîtrisée, la loi doit lui fixer des limites pour qu'elle ne se fasse pas au préjudice de l'intérêt collectif.[41] La liberté économique n'a pas de morale. Pourtant, elle ne peut prospérer sans morale. C'est là que la politique intervient pour moraliser l'économie, lui donner un visage humain.

La politique internationale incombe aux Etats et relève de leur obligation de responsabilité pour assurer l'intérêt collectif. Selon la théorie de John Locke selon laquelle « *la liberté*

---

[39] L. DUGUIT, *L'Etat, les gouvernants et les agents*, Dalloz, 2005, p.774.
[40] J.-F. SPITZ, *John Locke et les fondements de la liberté moderne*, PUF, 2001.
[41] P. LEUPRECHT, « Contraindre le fort pour affranchir le faible », *Relations*, déc. 2005, pp. 17-18.

implique la responsabilité et l'égalité »,[42] la liberté économique, qui permet aux Etats développés d'accumuler des richesses, implique qu'ils soient responsables des problèmes mondiaux résultant de la mise en œuvre de cette liberté. Il serait donc légitime de faire incomber la responsabilité de la préservation des biens collectifs en premier lieu aux Etats qui ont bénéficié de la globalisation économique, dans la mesure où celle-ci est source de préjudice pour l'environnement et engendre d'importantes inégalités économiques et sociales.

Par ailleurs, les pays en développement manquent de moyens pour contribuer à cette protection, dont l'absence de technologies pour préserver l'environnement ou, de moyens pour lutter contre les grandes pandémies. Ils ne peuvent donc participer efficacement à la réalisation de l'intérêt mondial. Cette situation est préjudiciable pour tous les pays. En effet, si un problème émerge en raison des défaillances d'un Etat, ils subiront les effets de ce problème. C'est pourquoi l'aide internationale ne se résume pas seulement à une politique extérieure fondée sur l'idée d'aide : elle intègre également l'idée qu'il y va de leur propre intérêt de politique intérieure que de soutenir les défaillants, pour qu'ils développent des politiques de protection dans l'intérêt de tous. Inge Kaul a invité à assimiler l'aide internationale à la politique interne des Etats contributeurs pour donner « *une dynamique participative des Etats* ».[43]

En effet, la globalisation et les interdépendances qui en résultent, donnent une dimension unitaire au monde, comme si le problème de chacun était susceptible de devenir le problème des autres. La globalisation des sociétés a fait du monde une unité globale, dans laquelle le malheur des uns ne fait pas le

---

[42] *Ibid*
[43] I. KAUL (dir.), *Biens Publics Mondiaux : la coopération internationale au XXI ème siècle*, PNUD, Economica 2002, pp. 200 et s.

bonheur des autres. Un monde dans lequel le bonheur des uns est un profit pour tous les autres, et les problèmes des uns une source de problèmes pour les autres. Le concept de biens publics mondiaux consacre cette prise de conscience des interactions et de la fragilité du monde.

Ce concept a pour vocation de responsabiliser les Etats dans la gestion des intérêts mondiaux, en faisant de chacun des Etats le propriétaire direct et le bénéficiaire des situations bénéfiques, en leur inculquant l'idée que le bien des uns contribue au bien des autres, amenant ainsi un sentiment de responsabilité et de solidarité réciproques. Il est une réponse à l'absence de cohérence de la mondialisation, qui réside dans les conflits d'intérêts à la fois privés et interétatiques, et prône une convergence des politiques sur des buts communs.

Mais le concept est difficile à appréhender en raison de la nature même des biens publics qui sont des objectifs communs à atteindre.

C. Un concept qui prescrit des objectifs à atteindre

Les maux publics sont des nuisances visibles et palpables. Les biens publics, quant à eux, comme une réaction aux maux publics, sont des objectifs tendant à remédier à ceux-ci ou à produire un résultat bénéfique pour la collectivité. Or, une notion définie comme un objectif à atteindre est difficile à déterminer, car elle est abstraite et intangible. Alors qu'il est facile de décrire un mal parce qu'il est concret et présent, il est plus difficile de définir un bien parce que, en tant qu'objectif, il n'est pas encore réalisé.[44] Par exemple, la bonne santé est une situation de bénéfice générale, alors que la maladie est un fait

---

[44] *Ibid.*

concret qui est plus connaissable par la raison humaine. Et parce que le bien n'a pas d'existence palpable, il est un concept immatériel, une représentation intellectuelle de ce que devrait être le monde pour que tout fonctionne bien. Le concept de biens publics mondiaux a pour vocation de faire face aux défis mondiaux contemporains, ce qui est un vaste projet d'avenir qui promet d'être dynamique en raison du caractère contingent des problèmes mondiaux. Notion abstraite renvoyant à un idéal, la notion de bien public est dynamique, ce qui permet en plus une approche large qui s'entend aussi bien des biens corporels que des biens incorporels. Ainsi, la bonne application d'un accord international, qui est un idéal de respect du droit et de sécurité juridique internationale, est autant un bien public mondial que l'intégrité de l'environnement et de la nature, qui a une existence palpable. Le seul critère déterminant est que le bien public mondial renvoie à une situation bénéfique qui participe à la protection de l'intérêt collectif.

III. Avantage et inconvénient de la contingence des maux et des biens publics mondiaux

Les facteurs de contingence (A) sont nombreux. Ils engendrent un avantage qui réside dans la souplesse pour déterminer les biens publics (B) et un inconvénient résultant de la difficulté d'une définition internationale des biens publics (C).

A. Les facteurs de contingence

Les maux publics comme les biens publics tirent leur existence d'un certain contexte historique, religieux, politique, économique, technologique, ainsi que de l'idée que l'on se fait des menaces les plus fondamentales pesant sur l'humanité. A noter en particulier la relativité des besoins d'une société en fonction de son développement économique, scientifique et technologique. Les besoins des sociétés en développement ne sont pas les mêmes que ceux des sociétés développées. Celles-ci tiendront pour essentiel le renforcement des droits de la propriété intellectuelle tandis que celles-là voudront accéder à la santé et aux médicaments au moindre coût. Des conflits peuvent donc se dessiner entre les besoins essentiels des sociétés. Le monde étant composé d'entités politiques souveraines et différentes les unes des autres, les besoins des Etats ne peuvent qu'être multiples, voire même contradictoires. Ce qui explique la difficulté à définir l'intérêt mondial auquel est attaché le concept de biens publics mondiaux.

Par ailleurs, en tant que remèdes pour répondre aux problèmes de la société, les biens publics subissent la contingence des maux publics mondiaux. Ils ne recouvrent pas une définition immuable. Leur existence est basée sur un « construit historique ».[45]

Il y a principalement deux facteurs de contingence des biens publics :

1°) une diversité de conceptions de biens publics propre à chaque système économique et politique des Etats,
2°) la souveraineté étatique, qui consacre l'idée qu'il n'existe de biens publics que reconnus par les Etats dans leur propre ordre interne. L'Etat a l'obligation d'assurer la sécurité et le bien-être de ses citoyens.[46] L'Etat nation constitue le sujet

---

[45] V. « Naissance des biens publics globaux », *Le courrier de la planète*, n°55-2000.
[46] A.-E. VILLAIN-COURRIER, *Contribution générale à l'étude de l'éthique du service public en droit anglais et français comparé*, Nouvelle bibliothèque de thèses, Dalloz, 2004, p. 263 ; voir également J. MORANGE, *Les libertés publiques*, Que sais-je ?, PUF, 2007, pp. 93-109.

élémentaire de la communauté internationale. Depuis le Traité de Westphalie en 1648, les Etats nations sont souverains et jouent un rôle déterminant dans l'encadrement de l'activité humaine dans les limites de leurs frontières. La souveraineté étatique permet de définir les biens publics. Elle consacre ainsi une possibilité de reconversion des biens publics en biens privés ou inversement, en fonction de l'état du développement économique, scientifique et technologique des Etats, ou de leurs objectifs de politiques publiques. Les relations internationales étant basées sur l'autonomie des souverainetés étatiques, chaque Etat a en charge la définition et la protection de ses propres biens publics. L'ordre international ne consacre donc l'existence de biens publics que s'ils sont pris en charge par les Etats. Des biens publics mondiaux pris en charge par un gouvernement mondial demeure encore une utopie.

Ces paramètres de contingence peuvent engendrer des conflits de biens publics dans l'ordre international.

B. L'avantage de la contingence : le caractère souple dans la détermination des biens publics

Il y a une corrélation forte entre l'intérêt général et les maux publics : l'intérêt général évolue en fonction des réponses à donner pour combattre les maux publics. C'est la même relation de dépendance existant entre bien public et mal public. Il existe toutefois une différence entre bien public et intérêt général. Le bien public est la reconnaissance politique de ce qu'une question mérite une protection publique particulière parce qu'elle sert l'intérêt de la collectivité. En revanche l'intérêt général sert de justification à l'action publique, qui peut consister dans la mise en place d'un service public. Ce dernier est l'activité qui consiste à produire le bien public, il tend à réaliser la satisfaction à laquelle le public a droit au titre d'un bien public. Avec la globalisation, on assiste à un besoin d'internationalisation du service public.[47] En somme la détermination des biens publics réside dans la justification de l'intérêt général.[48] Un bien mérite d'être qualifié de bien public parce qu'il relève de l'intérêt général, et donc de bénéficier d'une protection publique, qui est une protection renforcée par rapport au droit commun.

Le caractère naturellement évolutif des problèmes mondiaux et de la notion d'intérêt général exige une possibilité de dynamisme et de souplesse dans la détermination des biens publics mondiaux. Cette souplesse permet non seulement d'élargir le champ des biens publics[49] mais aussi de rendre collectif un bien privé, ou inversement de privatiser un bien collectif, en fonction des besoins de la société.[50]

Les expériences imposées par les maux publics façonnent le contenu du domaine de protection en vue de l'intérêt général. Comme les maux publics sont évolutifs, les politiques d'intérêt général le sont également. La détermination par l'Etat des biens publics relève de l'exercice de ses prérogatives étatiques de préservation de l'intérêt général. Or, l'intérêt général n'a pas de contenu stable, c'est une notion dynamique ayant un contenu contingent, en fonction des besoins d'une société à une époque donnée.

---

[47] F. LILLE, A l'aurore du siècle, où est l'espoir ?, *Les Belles lettres*, 2006, p. 11.
[48] C. CHARMARD, La distinction des biens publics et des biens privés : contribution à la définition de la notion de biens publics, 25 juin 2002, Bibliothèque de thèses, Dalloz 2004, p. 145, §198.
[49] P. YOLKA, Y. GAUDEMET, *La propriété publique : éléments pour une théorie de la propriété publique*, LGDJ, 1997, pp. 120-27.
[50] V. « Naissance des biens publics globaux », *Le courrier de la planète*, n°55-2000.

La souplesse permise dans la définition des biens publics mondiaux est appréciable, car elle ne la confine pas à des définitions préétablies.

Certains instruments internationaux prennent en compte cette nature évolutive de la protection publique en permettant une souplesse dans leur mise en œuvre. En matière de protection de l'environnement, les traités cadre permettent une application souple des impératifs environnementaux.[51] C'est aussi le cas du régime commercial multilatéral qui laisse aux Etats la libre appréciation de mettre en œuvre les exceptions d'ordre public pour préserver leur intérêt national. La définition d'un intérêt général suppose de mettre en place un régime souple qui permet de déroger à l'application des règles ordinaires.

Il y a une contingence à la fois dans l'espace et dans le temps. Dans l'espace, en fonction des choix socio-économiques des Etats. Dans le temps, en fonction des besoins de l'époque. L'on peut donc douter de l'opportunité de codifier les biens publics mondiaux ou d'en dresser une liste définitive. On écarte volontiers cette optique lorsque l'on considère l'évolution des sociétés. Celles-ci ne sont pas figées. Ce dynamisme est bienvenu parce qu'il permet une certaine souplesse dans la définition de l'intérêt général au niveau mondial. Dans le régime international du commerce et celui de l'environnement, la protection des biens publics par les Etats est souple, pour permettre à ceux-ci de définir librement leur politique de protection des biens publics, en fonction des besoins et de l'évolution des connaissances.

Mais ce dynamisme engendre une difficulté dans la définition internationale des biens publics, qui peut expliquer

---

[51] A. KISS, « Les traités-cadres : une technique juridique caractéristique du droit international de l'environnement », *AFDI,* 1993, p. 792.

qu'aucun instrument international n'ait encore reconnu cette notion.

C. L'inconvénient de la contingence : la difficulté d'une définition internationale de la notion de biens publics

La diversité des conceptions économiques et sociales des Etats (a) explique l'absence d'une approche uniforme des biens publics, et donc l'absence d'un régime international des biens publics à l'échelle mondiale (b).

a) La diversité des régimes économiques et sociaux

En raison des disparités des systèmes politiques et économiques liées à la liberté de choix socio-économiques des Etats, la notion de biens publics est particulièrement contingente au niveau international. Chaque société adapte sa conception des biens publics en fonction de ses exigences et de ses besoins sociaux.[52] Si en droit interne, il est aisé de définir le bien public en raison de l'unité du régime socio-économique de l'Etat, en droit international, une difficulté émerge car chaque Etat a sa propre conception et sa propre définition des biens publics. Partant, il est difficile de construire une définition internationale des biens publics.[53] Toute la difficulté de leur reconnaissance internationale tient donc à la diversité de conception propre à cette notion. Cette diversité de régimes

---

[52] F. LILLE, F.-X. VERSCHAVE, *On peut changer le monde : à la recherche des biens publics mondiaux*, La Découverte, 2003.
[53] C. COLARD FABREGOULE, *Essai d'une théorie générale sur les successions d'Etats en matière de biens publics*, Thèse, 30 janvier 1999, pp. 1-2.

socio-économiques répond à des besoins, des traditions et des orientations politiques différentes qui sont légitimes. C'est ce qui fait la richesse du monde.

b) L'absence d'une harmonisation des biens publics à l'échelle mondiale

La difficulté résultant de la contingence des notions de maux et de biens publics est davantage accentuée, dans l'ordre international, parce qu'il n'existe pas d'Etat mondial qui aurait les pouvoirs d'un Etat nation sur ses ressortissants. Il n'existe pas de puissance publique mondiale qui aurait la responsabilité des biens publics de la société internationale. Les développements ultérieurs vont montrer que la gestion des biens publics dans l'ordre international est encore basée sur l'autonomie des souverainetés étatiques, et sur le principe de spécialité des organisations internationales.

Pour l'heure, il n'existe pas, dans l'ordre international, de régime spécifique des biens publics mondiaux, et aucun texte international ne s'est encore approprié cette notion et n'a défini ce qu'elle recouvre. Si les biens publics nationaux peuvent être mis en œuvre par l'instrument juridique de politique d'intérêt général des Etats, la mise en oeuvre des biens publics mondiaux manque de base juridique et reste donc encore à définir.

En l'absence d'une définition substantielle des biens publics mondiaux, seule une définition organique est envisageable.

Au niveau des Etats, les politiques d'intérêt général relèvent de leur seule souveraineté. Au niveau international, en présence d'un traité, elles relèveront de la compétence concertée des Etats au sein d'une organisation internationale. Dans les deux cas, la définition des biens publics ne peut raisonnablement se faire que selon une approche organique consistant à laisser aux organes politiques le soin de déterminer le contenu des biens publics.

IV. La définition organique des maux et des biens publics mondiaux

La difficulté d'une définition substantielle conforte la conception organique de l'Ecole française du service public, selon laquelle le bien public ne peut être défini que par la volonté politique pour satisfaire un besoin collectif. Le mal public est, quant à lui, un problème qui touche la collectivité et qui relève de la responsabilité de la puissance publique. La définition des maux publics mondiaux ne pose pas de problème particulier, puisqu'elle est dictée par les problèmes et les souffrances éprouvés.

Le bien public est le bien déterminé par la puissance publique pour répondre à un besoin général. Cette question est plus difficile à définir, car elle implique de trouver des solutions à un problème, ce qui n'est pas toujours évident.

Dans l'ordre étatique, la qualification de biens publics s'exerce au travers des prérogatives de puissance publique des Etats dans la préservation de l'intérêt général. Ceux-ci ayant la responsabilité des activités de leurs citoyens, ils peuvent aisément déterminer les maux publics et définir les biens publics appropriés. Au niveau national, la mise en œuvre de cette responsabilité publique de l'Etat se fait de manière principale, car la fonction essentielle de l'Etat sur son territoire est de préserver l'intérêt général. Rien de tel au niveau international, en l'absence d'un gouvernement mondial responsable des activités de tous les Etats et de leurs ressortissants. A l'échelle mondiale, cette responsabilité publique est difficile à mettre en œuvre car la fonction originaire des Etats est de libéraliser leur économie qui est une activité dépendante des lois du marché.

Et même si un tel gouvernement mondial existait, des difficultés ne manqueraient pas d'apparaître, en raison des conflits d'intérêts interétatiques résultant de la diversité des systèmes économiques et sociaux, des différences du niveau de développement, ainsi que de la diversité culturelle.

L'étude de la nature des maux publics nous a permis d'affirmer que les maux publics sont des situations concrètes, alors que les biens publics sont des conceptions abstraites qui prescrivent des objectifs communs à atteindre. Elle a également mis en lumière que les deux notions sont contingentes et sont déterminées par la volonté politique, pour protéger la société des problèmes qui la menacent.

Et s'il n'existe pas de définition internationale des biens publics, ceux-ci n'en revêtent pas moins une dimension mondiale. Ce que nous verrons dans l'étude de la portée des notions de maux et de biens publics mondiaux.

Section 3 : La portée des maux et des biens publics mondiaux

La globalisation des biens publics en tant que remède à la globalisation des maux publics (I) engendre dans la conscience collective mondiale, le sentiment d'appartenir à une seule et même société (II).

I. L'ouverture des frontières à l'origine d'une globalisation des maux publics et des biens publics

Le concept de biens publics mondiaux est une réflexion sur les moyens de provoquer une globalisation des biens publics pour faire face à l'internationalisation des maux publics.

La notion d'intérêt public, telle qu'elle existe dans l'ordre interne, est appelée à s'élargir dans son contenu et dans sa portée. Les interactions mondiales reconfigurent le domaine des biens publics en éliminant les frontières.[54]

La libéralisation économique et les interdépendances des sociétés ont permis d'accroître les échanges entre les populations. Elles ont aussi entraîné une globalisation des problèmes. La libéralisation et l'ouverture des frontières ont créé un « *risque systémique global* »,[55] une interdépendance des risques. L'encadrement de ces maux implique de dépasser les capacités de réaction d'un seul Etat.

L'internationalisation des sociétés humaines engendre des problèmes et des besoins nouveaux qui appellent de nouvelles régulations pour répondre aux nouveaux enjeux de la société mondiale.

Les interdépendances ont engendré une prise de conscience collective sur la nécessité de protéger certaines valeurs communes, et promouvoir certains intérêts collectifs par des décisions concertées entre Etats.

---

[54] J.-P. TOUFFUT, *L'avancée des biens publics : politique de l'intérêt général et mondialisation*, Albin Michel Economie, 2006, pp.46-51.
[55] I. KAUL, « Biens publics globaux, un concept révolutionnaire », *Le Monde diplomatique,* juin 2000.

II. Une prise de conscience collective mondiale

Le développement des échanges à la fois économiques, scientifiques, culturels, grâce aux nouveaux moyens de communication, conduit les individus à cultiver des préoccupations communes, mais aussi à se comparer constamment les uns aux autres. Tant les préoccupations communes que l'incitation à la comparaison, participent à l'émergence de règles internationales devant régir les échanges, et appellent des solidarités construites sous forme de soutien.[56] Mais ce phénomène entretient également des conflits entre les pays développés et les pays en marge du système économique mondial. La globalisation nourrit le sentiment d'une citoyenneté du monde, qui justifie le bénéfice de l'égalité pour tous, notamment dans l'accès au développement et aux droits fondamentaux.

Les préoccupations et valeurs communes sont inculquées par les souffrances collectives, qui unissent les peuples qui en sont victimes. L'attaque terroriste du 11 septembre 2001 aux Etats-Unis a réuni des peuples du monde entier sur la nécessité de combattre le fléau du terrorisme international. Le terrorisme est devenu un grand ennemi public qui, dans la conception commune, a supplanté le mal public engendré dans le passé par les pirates.

L'internationalisation des voies de communication et d'information facilite cette prise de conscience internationale des maux publics, et contribue à créer un «*fort degré d'intégration des hommes dans l'espace public international*».[57] Les préoccupations communes unissent les

---

[56] J.-P. TOUFFUT, *op. cit.*, pp. 55-62.
[57] *Ibid*

Etats, et les obligent à collaborer pour se protéger contre les maux collectifs.

Les maux publics mondiaux provoquent une réaction collective de la société mondiale, qui réfléchit sur la manière de les éliminer. C'est ainsi que diverses organisations internationales se sont penchées sur la question, en proposant, soit d'adopter de nouveaux instruments internationaux, soit en cherchant des moyens de coordination entre elles.

La globalisation des sociétés pousse l'humanité à se percevoir comme une totalité qui doit assurer sa survie. Il émerge comme une entité mondiale, qui est un sujet de droit international à part entière, indépendante de chacune des entités étatiques, mais reflétant leurs intérêts communs. Logiquement, l'intérêt mondial mérite une protection spécifique et supérieure aux intérêts nationaux. Cette évidence est défendue par la conception française des services publics, qui considère que l'intérêt général est supérieur aux intérêts particuliers.[58] Une telle idée aboutit à remettre en cause la logique libérale, qui imprègne notre monde, et qui est caractérisée par le culte de l'individu sur le collectif.

C'est affirmer que le concept de biens publics mondiaux est également une réaction aux intérêts privés.

---

[58] C. CHAMARD, *La distinction des biens publics et des biens privés : contribution à la définition de la notion de biens publics*, 25 juin 2002, Bibliothèque de thèses, Dalloz 2004, p. 176.

Chapitre 2 : Un concept réaction aux intérêts privés

Traditionnellement, intérêts privés et intérêts publics s'opposent et coexistent dans une régulation harmonieuse qui accorde de l'importance autant aux uns qu'aux autres. Or, la société mondiale se privatise de plus en plus, en raison du renforcement des libertés économiques au détriment des intérêts collectifs. La privatisation de la société internationale a donné lieu à une mauvaise régulation du système mondial.

Le concept de biens publics mondiaux s'inscrit en réaction contre cette tendance. Il invite les Etats à prendre en compte la dimension communautaire des échanges interétatiques, dans une société mondiale marchande qui privilégie l'individualisme et la propriété privée.

Le concept tend à encadrer le marché et son système du « *laisser-faire* »[59] pour promouvoir les intérêts collectifs. La protection des intérêts privés des opérateurs résultant de leurs activités économiques, devrait s'amenuiser pour que les intérêts collectifs y trouvent une place plus grande. Le concept de biens publics mondiaux a une vocation interventionniste dans l'ordre international. Il invite à la mise en place d'une institution mondiale chargée de veiller à la sauvegarde de l'intérêt mondial. Il est une réaction à la privatisation et à la marchandisation de la société internationale.

---

[59] G. CADET, « *Le marché : la source du bien commun ?* » in O. DELAS et C. DEBLOCK (dir.), Le bien commun, réponse politique à la mondialisation ?, Bruylant Bruxelles, 2003, pp. 247-70.

Par ailleurs, la dimension universelle du concept relève d'un registre qui dépasse les intérêts nationaux. Les Etats, en tant que sujets de droit international, au même titre qu'un individu au sein d'une société, agissent naturellement de façon égoïste pour satisfaire leurs intérêts propres. Ce qui est légitime car l'Etat a le monopole de l'obligation de satisfaire les besoins situés sur son territoire. La poursuite de la satisfaction des intérêts nationaux dans les relations internationales est naturelle, mais elle vient contrarier la théorie des biens publics mondiaux, qui implique de dépasser les préoccupations nationales pour atteindre des valeurs communes qui profitent à l'ensemble des populations. Le concept est donc aussi une réaction aux intérêts nationaux.

Les intérêts 'privés' auxquels s'oppose le concept de biens publics mondiaux s'entendent donc non seulement des intérêts économiques (section 1) mais aussi des intérêts nationaux (section 2).

Section 1 : une opposition aux intérêts économiques

Pour bien cerner l'opposition entre le concept de biens publics mondiaux et la conception économique libérale, il est opportun de rappeler les différences fondamentales entre bien public et bien privé, telles qu'elles existent dans l'ordre interne. La distinction entre bien public et bien privé tient non seulement à leur objet (I) mais également à leur régime (II). Et lorsqu'on transpose l'enjeu de cette distinction dans l'ordre international, on relève que le concept a vocation à créer une propriété publique mondiale (III).

I. La distinction entre bien privé et bien public tenant à leur objet

La distinction entre biens publics et biens privés existe depuis longtemps. Elle est commune aux systèmes juridiques romano germanique et de la common law.[60] Mais, si cette distinction fait partie du système juridique de toutes les sociétés libérales et marchandes, sa portée est fonction du degré de développement du libéralisme. Dans les pays de common law, cette différenciation est moins marquée que dans le droit romano germanique.[61] Les relations internationales se sont construites sur le modèle libéral, qui propose une faible distinction entre bien public et bien privé, ce qui peut poser certaines difficultés pour la réalisation de la théorie des biens publics mondiaux.

Celle-ci appelle une distinction forte entre ces deux catégories de biens, afin de permettre aux biens publics de s'émanciper du régime de droit commun qui réside dans le marché. Les biens publics supposent un régime de protection renforcée, qui limite la liberté individuelle pour mieux servir l'intérêt général. La société mondiale, qui a servi en premier lieu le développement économique qui est un projet libéral, n'est donc pas favorable à la réalisation des biens publics mondiaux.

En revanche, dans l'ordre national, la distinction entre bien public et bien privé est forte. Elle résulte d'une volonté politique de fonder un régime de propriété publique qui assure la satisfaction de l'intérêt général.

---

[60] A.-E. VILLAIN-COURRIER, *Contribution générale à l'étude de l'éthique du service public en droit anglais et français comparé*, Nouvelle bibliothèque de thèses, Dalloz 2004, p. 263.
[61] *Ibid*

En droit français, le droit de propriété est une liberté individuelle consacrée par la Déclaration des droits de l'homme et du citoyen de 1789. Sa définition est simple et connue.[62]

La propriété publique est plus complexe à cerner. Elle a pu être définie comme le « *droit de la puissance publique fondée sur la justification d'un intérêt général et tendant à la réalisation d'un service d'utilité publique* ».[63] Cette définition consacre plusieurs caractéristiques de la propriété publique.

L'objet de la propriété publique est le bien public. Il suppose l'existence d'un droit dont le titulaire serait la puissance publique. Cependant, ce droit ne profite pas à l'Etat en tant que tel, mais à ses citoyens, puisqu'il porte sur la réalisation d'un intérêt général qui profite à tout le monde. L'Etat n'est pas titulaire de la jouissance de ce droit qui appartient au peuple. Pour autant, il n'en n'assume pas moins la responsabilité de cette jouissance par ses citoyens, puisqu'il a le monopole de la détermination et de la mise en oeuvre des biens publics, pour assurer un besoin collectif sur son territoire.

Les individus sont les principaux bénéficiaires des biens publics, et les Etats, les principaux responsables de la réalisation de ces biens. Cependant, certains biens publics peuvent être produits par la société civile. C'est ainsi que la société civile internationale a crée un système solidaire d'échanges économiques avec l'institution du commerce équitable.

---

[62] Art. 2 de la Déclaration des Droits de l'Homme et du Citoyen : « *La propriété est le droit de jouir et de disposer des choses de la manière la plus absolue pourvu qu'on en fasse pas un usage prohibé par les lois ou par les règlements* ».
[63] P. YOLKA, Y. GAUDEMET, *La propriété publique : éléments pour une théorie de la propriété publique*, LGDJ, 1997, pp.120-127.

Cette production de l'intérêt collectif par la société civile va parfois même à l'encontre de la volonté de l'Etat, ce qui est notamment le cas de la revendication de la protection des droits de l'homme dans de nombreux pays. Pourtant l'intervention de l'Etat est nécessaire car la production des biens publics par le secteur privé est insuffisante.

Le bien public trouve son fondement et sa justification dans l'intérêt général. Il se réalise dans l'accomplissement d'un service public. Contrairement à la propriété privée, qui se fonde sur la satisfaction exclusive de l'individu, la propriété publique trouve sa raison d'être dans l'utilité sociale qui sert l'intérêt de tous. L'intérêt général est une activité désintéressée, il a pour objet la satisfaction du peuple, alors que le bien privé est tourné vers lui-même, et vise une satisfaction égoïste. Est-ce à dire que le bien public est une activité entièrement désintéressée ? Certains pensent que le caractère désintéressé de l'intérêt général, ne s'oppose pas nécessairement à ce que l'activité de bien d'utilité publique dégage un profit, tant que cet impératif demeure secondaire par rapport à la satisfaction du public.[64]

L'intérêt général qui justifie l'existence d'un bien public est une notion large et évolutive, en fonction des besoins de la société. Il peut porter aussi bien sur des biens communs naturels, que sur des activités d'autorité (sécurité, justice), de fonction sociale (lutte contre la pauvreté), de politique économique (stabilité financière), ou encore de nature sanitaire (lutte contre le sida).[65]

Cette distinction d'objet entre bien public et bien privé est fondamentale, car de là découle le régime applicable.

---

[64] A.-E. VILLAIN-COURRIER, *op. cit.*, pp. 267 §374.
[65] C. CHAMARD, *La distinction des biens publics et des biens privés : contribution à la définition de la notion de biens publics*, 25 juin 2002, Bibliothèque de thèses, Dalloz 2004, pp.145, 152-54.

II. La distinction entre bien public et bien privé tenant à leur régime

Un bien est qualifié bien public soit parce que par nature on lui reconnaît cette caractéristique (notamment les biens communs naturels), soit par décision politique pour rendre collectif la consommation du bien.

La qualification de bien public emporte l'application du régime de la propriété publique, caractérisé par l'indisponibilité et la non-exclusivité. A contrario, cette qualification exclut l'application du régime de la propriété privée, caractérisé au contraire par le droit de disposer, ainsi que le droit de jouir du bien à titre exclusif.[66]

L'utilité de la distinction réside dans le fait de réserver aux biens publics des faveurs par rapport au régime de droit commun, qui réside dans la liberté individuelle et le droit de propriété. Elle fait naître des règles dérogatoires, exorbitantes du droit commun. Ce privilège confère une protection supérieure aux biens publics.[67] Un auteur a écrit que la différence fondamentale de régime entre bien public et bien privé tient au caractère indisponible du « domaine public ».[68] Alors que le bien privé peut faire l'objet de transactions entre les individus, le bien public est incessible, il ne peut faire l'objet de commerce entre les individus, car il doit bénéficier à tous, il n'appartient à personne. Et d'ailleurs, la nature même des biens publics se prête difficilement à toute appropriation

---

[66] P. SAMUELSON, *The Pure theory of Public Expenditure*, The Review of Economics and Statistics, 1954.
[67] P. DELVOLVE, Droit de propriété et droit public, Dalloz, 1996, pp.149 et s.
[68] C. CHAMARD, *op. cit.,* pp. 145, 152 et 154.

privée, puisqu'elle réside dans l'idée de réalisation d'un objectif qui sert l'intérêt collectif.

Toutefois, l'indisponibilité du bien public n'exclut pas la possibilité d'adopter des méthodes marchandes pour produire les biens publics. Les pouvoirs publics peuvent utiliser des instruments économiques pour maximiser le potentiel de production du bien public, afin de réaliser de façon optimale l'intérêt général. Pour s'en convaincre, relevons que dans l'ordre international, le régime de l'environnement utilise les droits de polluer négociables, qui sont des instruments économiques permettant de maîtriser et de minimiser les dégâts causés à l'environnement du fait de l'activité économique. Dans le même esprit, l'utilisation des contrats publics privés, permettant aux autorités publiques de requérir l'apport du secteur privé dans la réalisation d'un service d'intérêt général, relève d'une opération économique tendant à la réalisation d'un intérêt collectif.

Entendons donc que l'indisponibilité du bien public signifie simplement que l'objectif qui lui est attaché, et qui réside dans la protection d'un intérêt public, ne peut être détourné de sa fonction originelle. Peu importe les moyens imaginés par la volonté politique pour préserver l'intérêt général. Seule compte la justification de la mesure, qui doit être d'assurer la protection d'un intérêt collectif. A cet égard, un auteur a écrit que si « *le bien privé est un domaine de profit... le bien public est un domaine de protection* ».[69] D'ailleurs, cette notion de « domaine de protection » conforte l'approche précédemment développée, qui considère les biens publics comme une notion abstraite à la recherche d'une situation bénéfique qui profite à tous. La protection des biens publics mondiaux ne peut être

---

[69] P. YOLKA, Y. GAUDEMET, *La propriété publique : éléments pour une théorie de la propriété publique*, LGDJ, 1997, p. 104.

effective que s'il existe un système de protection de l'intérêt mondial.

La distinction entre bien privé et bien public dans l'ordre international, conduit à prôner un régime autonome de propriété publique mondiale.

III. La création d'une propriété publique mondiale et l'obligation de sa protection par la communauté internationale

Le concept de « biens publics mondiaux » est différent du concept de « patrimoine mondial » et de celui de « patrimoine commun de l'humanité » (A). Il consacre la reconnaissance de libertés publiques mondiales (B), qui appelle une obligation d'agir de la communauté internationale pour protéger ces libertés (C).

A. Une définition différente avec le « patrimoine mondial » et le « patrimoine commun de l'humanité »

Il existe déjà des régimes de propriété publique mondiale pour certains espaces. Par le traité de Washington de 1958, des Etats sont convenus de faire de l'Antarctique, une zone libre de toute souveraineté étatique, un espace naturel commun qui appartient à tous les Etats du monde. L'Antarctique peut être considéré comme une terra nullius relevant de la propriété publique mondiale, car il n'abrite aucune population et ne relève de la souveraineté territoriale et politique d'aucun Etat. Il en est de même de l'espace qui, par un traité de 1967, est devenu un « patrimoine commun de l'humanité ». Dans les deux cas, les Etats peuvent mettre en œuvre des programmes de recherche scientifique dans ces espaces, à la condition sine qua non de ne pas y installer d'infrastructures et de matériels militaires, afin de préserver la paix mondiale.

Certains biens font partie du « Patrimoine mondial », concept utilisé par l'UNESCO en 1972 pour dénommer toutes la diversité des biens culturels et naturels du monde et la nécessité de leur protection. Ce qui consacre une notion extensive ayant une vocation universelle en ce sens qu'elle prend en compte la diversité naturelle et les différences de culture des Etats pour en faire une richesse globale du monde. En revanche, la notion de « patrimoine commun de l'humanité » est plus restrictive, en ce sens qu'elle est limitée à la définition d'un domaine précis « commun » à tous les Etats. La notion de « patrimoine mondial » et celle de « patrimoine commun de l'humanité » sont deux concepts différents, l'un consacre la diversité dans un monde global, et l'autre réside dans ce qu'il y a de commun dans un monde composé d'entités politiques, économiques et culturelles différentes. Ce dernier intéresse notamment les océans, l'espace, l'air et l'environnement.

Le « patrimoine mondial » est régi par un traité international portant « Convention concernant la protection du patrimoine mondial, culturel et naturel » adoptée par l'UNESCO en 1972. Son article 4 prévoit la disposition suivante : « *Chacun des Etats parties à la présente convention reconnaît que l'obligation d'assurer l'identification, la protection, la conservation, la mise en valeur et la transmission aux générations futures du patrimoine culturel et naturel visé aux articles 1 et 2 et situé sur son territoire, lui incombe en premier chef. Il s'efforce d'agir à cet effet tant par son propre effort au maximum de ses ressources disponibles, que, le cas échéant, au moyen de l'assistance et de la coopération internationales dont il pourra bénéficier, notamment aux plans financier, artistique, scientifique et technique.* ».[70]

Le régime du « patrimoine mondial » réside dans l'obligation de l'Etat de préserver le bien ainsi qualifié. Le bien appartient à l'Etat sous la souveraineté duquel il est placé. Il est incessible en ce sens qu'il ne peut faire l'objet de transactions commerciales, ce qui consacre un régime de protection renforcée, dont la responsabilité incombe à la puissance publique. Mais en tant que « patrimoine mondial », le bien demeure un bien national placé sous la souveraineté de l'Etat, ce qui exclut de le qualifier de « bien public mondial », puisqu'il ne relève pas de la souveraineté de la collectivité internationale mais du ou des Etats concernés. Pour autant, il n'en constitue pas moins une richesse qui profite au monde, et en ce sens, il peut se définir comme un bien public mondial. C'est là une notion fondamentale du concept de « patrimoine mondial », qui réside dans le respect de la diversité culturelle et naturelle, et invite à l'application des principes de souveraineté et de subsidiarité dans la détermination des biens publics et l'application de l'obligation de préservation. Le caractère universel du « patrimoine mondial », qui consiste à valoriser la diversité culturelle et naturelle du monde, implique de consacrer le principe de subsidiarité afin de reconnaître et de préserver les spécificités locales. En tout cas, l'intérêt fondamental de la qualification de « patrimoine mondial » est qu'en cas d'insuffisance de prise en charge au niveau national, le bien peut bénéficier d'une protection internationale, consistant en un système de coopération et d'assistance internationales pour identifier et préserver le patrimoine mondial.

---

[70] http://portal.unesco.org/fr/ev.php-URL_ID=13055&URL_DO=DO_TOPIC&URL_SECTION=201.html

En revanche, en raison de la mise en commun du bien, le régime du « patrimoine commun de l'humanité », tel que résultant des traités sur l'Antarctique et sur l'espace, consacre une non appropriation du bien par les Etats, ce qui suppose une gestion multilatérale (et non plus nationale) du bien, et écarte toute mesure relevant des prérogatives de puissance étatique. Ce concept écarte donc le principe de subsidiarité et consacre un régime commun de préservation du bien, qui exclut toute souveraineté étatique. Ce qui autorise à renvoyer ce concept à la notion de 'biens publics mondiaux'.

B. La consécration de libertés publiques mondiales

La propriété publique mondiale qui intéresse notre concept de biens publics mondiaux est tout autre. Elle ne concerne pas la gestion commune d'un domaine naturel ou la diversité du patrimoine culturel mondial. Elle concerne le droit objectif à la paix, à un environnement propre, à la santé, au développement, à la justice économique. C'est un objectif ambitieux qui a pour objet d'ériger toutes les préoccupations qui relèvent des libertés publiques en un domaine de protection d'intérêt mondial. La notion de « biens » est plus large que celle de « patrimoine ». Elle recouvre le patrimoine mondial et le patrimoine commun de l'humanité, mais s'étend aussi aux préoccupations d'ordre moral qui résident dans deux idées dynamiques.

D'une part, la globalisation des problèmes résultant des interdépendances, appelle une action collective concertée tendant à assurer à l'humanité le bénéfice d'un bien, qui réside dans l'idée de voir diminuer et maîtriser les risques de problèmes mondiaux. Le droit de ne pas subir des problèmes solubles est une liberté publique à laquelle s'attache le concept de biens publics mondiaux. Les biens appartenant au « patrimoine mondial » ou au « patrimoine commun de l'humanité » sont des biens naturels ou ayant un intérêt culturel ou historique, qui en tant que tels, appellent une protection particulière. La notion de « bien public mondial » emporte en revanche une revendication qui consiste à éliminer les maux publics mondiaux et concerne des biens qui ne relèvent pas nécessairement du domaine naturel ou culturel. Ce sont fondamentalement des objectifs à atteindre pour contenir des problèmes mondiaux. L'approche des biens publics mondiaux n'est donc pas la même que celle du « patrimoine mondial ». Elle réside dans la responsabilité morale d'éradiquer les problèmes affectant le bien de l'humanité, alors que le concept de « patrimoine mondial » a pour vocation de préserver l'intégrité de la nature et la mémoire du passé qui sont des trésors de l'humanité.

D'autre part, allant même au-delà d'une simple résolution de problèmes, le concept devrait également prendre en charge un droit au progrès de l'humanité fondé sur la définition de buts communs, compte tenu de ce que nous vivons dans une société de la connaissance et du savoir. Le droit de faire progresser l'humanité grâce à un savoir disponible est une liberté publique que devrait également prendre en charge notre concept. En vertu du droit à l'égalité dans l'accès au savoir par l'information et l'éducation, nous pouvons estimer que les secrets scientifiques ou technologiques gardés dans les placards des multinationales pour ne pas déranger leurs intérêts économiques immédiats, sont contraires à l'éthique. Notons que l'Etat est bien démuni face au secret.

La vocation des biens publics mondiaux réside dans l'éradication de problèmes qui touchent au bien de l'humanité. Elle consacre des libertés publiques qui profitent aux citoyens du monde, en tant que bénéficiaires du droit de ne pas subir des problèmes solubles et du droit de bénéficier du progrès accessible.

C. L'obligation d'agir de la collectivité internationale

Le concept implique que l'autorité publique intervienne dans le marché pour discipliner les libertés privées, en vue d'une meilleure protection des intérêts publics. Le concept de propriété publique mondiale tend à contenir la privatisation de la société mondiale pour revendiquer une certaine publicisation des relations internationales pour protéger les intérêts collectifs.

La protection des libertés publiques mondiales que défend le concept est un remède aux excès liés à la protection internationale des libertés individuelles, qui résident dans le droit de propriété et la liberté d'entreprendre. Le principe fondamental de la liberté individuelle, qui relève de la responsabilité de l'Etat,[71] n'est pas uniquement de nature économique. Cette liberté représente également le droit de tout individu de vivre dans la paix et la santé, de ne pas subir la pollution résultant des activités qui profitent à autrui, de ne pas subir des problèmes qui peuvent être surmontables grâce à une action collective.

La véritable liberté individuelle qui mérite de ne pas être sacrifiée est celle qui ne nuit pas à autrui. Cette approche de la liberté individuelle en tant que bien public qui incombe à l'Etat, a une dimension sociale importante, qui contribue à définir une notion de propriété publique mondiale soucieuse de concilier les intérêts privés et la diversité du monde, avec les intérêts collectifs et le besoin d'une cohésion sociale.

La Déclaration universelle des droits de l'homme de 1948 à laquelle a adhéré la communauté internationale s'est, pour partie, inspirée de la Déclaration des droits de l'homme de 1789, qui est une revendication des libertés individuelles

---

[71] A. SEN, *L'économie est une science morale*, La Découverte, 1999.

soucieuse de permettre aux individus de commercer librement. Le concept de biens publics mondiaux est animé par le souci de protéger les libertés publiques qui sont mises à mal par une trop forte protection des libertés individuelles. Ce concept vient donc comme une contribution complémentaire à la protection internationale des droits de l'homme qui, à côté des libertés individuelles, englobe également les libertés publiques internationales.

La différence entre les deux catégories de liberté est que les libertés individuelles résident dans le devoir de l'Etat de ne pas intervenir pour permettre aux individus d'exercer librement leurs droits, tandis que les libertés publiques résident dans l'obligation civile de l'Etat d'agir[72] en vue de permettre l'exercice par les individus de leurs libertés publiques. Dans sa défense des libertés publiques, la théorie des biens publics mondiaux contient une double revendication : celle de la supériorité des libertés publiques sur les libertés individuelles, en tant qu'elles profitent à un plus grand nombre ; et celle qui exige que l'autorité publique intervienne en vue de permettre aux citoyens du monde de bénéficier pleinement de leurs droits. Ce concept appelle la communauté internationale à intervenir pour permettre aux individus de jouir pleinement de leurs droits au nom du droit de créance que ceux-ci détiennent sur elle.

Le concept de bien public définit une propriété publique mondiale dont la responsabilité incombe à la communauté internationale, qui doit définir un régime des biens publics indispensables à la survie et au progrès de l'homme, ainsi qu'au bon fonctionnement de la société internationale. A l'image du régime commercial multilatéral qui régit les échanges internationaux, il est question d'un régime multilatéral de protection des intérêts mondiaux. Cela suppose que les

---

[72] *Ibid*

décisions s'imposent de façon contraignante à tous les membres.

La notion de bien public mondial prône l'existence d'une propriété publique mondiale pour responsabiliser les Etats dans la préservation des intérêts mondiaux. Tout propriétaire est responsable de ses biens. Aussi, l'environnement, le développement, la santé, la justice économique, la sécurité internationale, sont des biens publics, dont la protection relève des Etats.

En somme, la notion de « bien » recouvre à la fois une dimension juridique et une dimension morale.

Elle recouvre une dimension juridique en ce sens qu'elle fait du bénéficiaire du bien, le propriétaire responsable de sa chose, ce qui appelle les Etats et les citoyens du monde à adopter des comportements responsables et solidaires en vue de la protection de l'intérêt général international.

Elle recouvre également une dimension morale en ce sens qu'elle fait du bien, un objectif à atteindre tendant à l'intérêt général. C'est là une approche intellectuelle et dynamique du bien, qui vient compléter la conception juridique du bien, fondée sur le patrimoine et la propriété.

La théorie des biens publics mondiaux est aussi une réaction à l'autonomie des Etats dans leur façon de concevoir les biens publics.

Section 2 : une opposition aux intérêts nationaux

Le concept est également une réaction aux intérêts nationaux des Etats (I), pour défendre des intérêts communs (II). Et parce que ce concept se moque des antagonismes entre Etats et secteurs d'activité, il défend des valeurs universelles qui participent à créer un sentiment de solidarité et de citoyenneté mondiale (III).

I. Une réaction aux intérêts privés des Etats dans les relations internationales

Au niveau international, on a souvent le sentiment que les Etats interviennent non pas en tant qu'Etat entendu comme entité politique soucieuse de l'intérêt de la communauté internationale, mais en tant qu'Etat soucieux de préserver ses intérêts propres dans un monde en constante interdépendance.[73] Les interactions entre les acteurs internationaux se fondent sur un système de coopération, qui implique la prise en compte de la somme des intérêts nationaux. Ce système international peut rendre difficile l'élaboration de solutions globales : des conflits d'intérêts étatiques, peuvent en effet naître, et doivent être pris en compte sans contrarier les uns et les autres.

Or, l'intérêt mondial n'est pas que l'agrégation des intérêts nationaux au sens où, s'il prend en compte l'intérêt de chacun, il le transcende aussi pour s'entendre également de l'intérêt commun à tous les pays. Si le bien public mondial prend en

---

[73] J.-P. TOUFFUT, *L'avancée des biens publics : politique de l'intérêt général et mondialisation*, Albin Michel Economie, 2006, pp. 46-51.

compte chacun des biens publics nationaux, à partir du moment où celui-ci entre en contradiction avec lui, il le dépasse pour constituer une valeur autonome ayant pour seul objet la satisfaction de l'intérêt mondial. On a pu définir cette valeur comme « *l'art de prendre soin de ce qui concerne tous les citoyens de la Polis, de ce qui est utile pour tous et qui, par conséquent, transcende le bien individuel* ».[74] Or, le principe de la coopération internationale qui régit actuellement l'ordre mondial, est un système mécanique de coordination fondé sur un projet libéral soucieux de préserver les intérêts privés des Etats dans la définition de normes communes. Chacun des intérêts étatiques est retrouvé dans la somme qui constitue l'intérêt mondial. Or, le concept rejette cette approche mécanique au profit d'une définition universelle des biens publics.

II. Un thème universel et transversal

Le nombre important des Etats facilite certes les conflits, mais en même temps, crée un besoin de coopération pour préserver les intérêts communs destinés à bénéficier à tous les Etats.[75]

Compte tenu de l'extension des problèmes à l'échelle mondiale, on assiste à une internationalisation de la notion d'intérêt général. Les interactions mondiales reconfigurent le domaine des biens publics et entraîne une globalisation de l'intérêt général. Cet intérêt mondial possède les mêmes caractéristiques que l'intérêt général au plan interne, et devrait

---

[74] R. KOLB, « *Le bien commun* », in Réflexions de philosophie du droit international, Bruylant, 2003, pp. 233-250.
[75] P. MOREAU DEFARGES, *Mondialisation*, Que sais-je ?, PUF 2005, op. cit., pp.55-62.

renfermer le même discours de légitimation des actes de ceux qui en sont les promoteurs.[76]

Nous savons que dans l'ordre international, les Etats agissent de façon égoïste. Dès lors, l'intérêt mondial ne saurait résulter de la somme des intérêts généraux des Etats. L'intérêt mondial se fonde sur des valeurs communes qui dépassent les intérêts généraux étatiques pour profiter à tous les Etats. Les Etats, dans le cadre de la coopération internationale, agissent en vue de leur intérêt propre. L'anarchie du système international est encore de rigueur. Ce principe de la souveraineté étatique dans les relations internationales, n'est pas de nature à faciliter la mise en œuvre du concept de biens publics mondiaux, qui suppose une forte intégration des Etats aux valeurs servant d'abord l'intérêt mondial, qui sont des valeurs universelles.

L'intérêt mondial, qui est la finalité auquel tend tout bien public mondial, se détache des intérêts nationaux pour constituer un intérêt commun profitable à tous les pays. Il est un bien qui se joue des espaces nationaux et des frontières. Mais la vocation mondiale du concept de biens publics mondiaux est pluridimensionnelle. Elle n'est pas que géographique, elle intéresse aussi la diversité des peuples et prend en charge le bien-être des générations futures. Le bien public est véritablement mondial, que si ses bénéfices profitent à toutes les populations du monde, et, la revendication du caractère universel suppose que le bien prenne en charge les intérêts de l'humanité dans le présent et le futur.

L'adjectif « public » renvoie à la notion de « commun », qui signifie que les intérêts des particuliers ne sont pas sacrifiés en vue du bien commun, mais se retrouvent en lui, ce qui autorise à affirmer que le concept de biens publics mondiaux a le mérite de constituer une plus-value pour les relations internationales.

---

[76] F. RANGEON, *L'idéologie de l'intérêt général*, Paris, Economica, 1986.

Cette définition du régime des biens publics mondiaux doit se fonder sur un équilibre entre unité et diversité, car il est question de prendre en compte les particularités et les besoins propres des Etats dans la définition de normes communes, qui ont vocation à leur être appliquées. Le bien est public parce que ses bénéfices sont « communs » et profitent à tous, ce qui suppose de ne pas sacrifier les particularités, mais au contraire de les prendre en compte. C'est en ce sens qu'il convient d'entendre la notion de valeur universelle à laquelle s'attache la théorie des biens publics mondiaux.

Or, la globalisation des sociétés engendre une uniformisation des normes sur le modèle libéral, et occulte celles qui résultent de traditions locales et autochtones. L'universalisme implique au contraire de préserver toutes les valeurs de l'humanité qui constituent ensemble le patrimoine mondial. La théorie des biens publics mondiaux rejoint cette conception de l'universalisme, en ce sens qu'elle prend en compte les intérêts de chacun dans la définition des intérêts de tous.

C'est là toute la difficulté de la réalisation du concept de biens publics mondiaux, qui explique l'absence d'une définition internationale. A titre d'illustration, considérons la question du dumping social, pratiqué par les pays pauvres pour attirer sur leur territoire les implantations des multinationales étrangères, et sortir leur population du chômage et de la pauvreté. Le résultat est que ces Etats pratiquent des normes de travail prohibées par l'OIT : travail des enfants, absence de droits sociaux en opposition avec la liberté syndicale. Condamnées comme contraires à l'intérêt public par les Etats développés, ces pratiques peuvent être néanmoins justifiées au regard de l'impératif de développement des pays encore trop pauvres pour établir des droits sociaux trop coûteux. Toutefois, bien que les pays développés condamnent ces pratiques, ils n'en exploitent pas moins les bénéfices qu'ils retirent des différences de salaires et de coûts de production. Pour s'en convaincre, il suffit de relever le phénomène des délocalisations des multinationales occidentales vers des pays à faible coût salarial. En tout état de cause, l'écart de développement entre les Etats justifie un traitement différencié selon les besoins et les capacités de chacun.[77] Les pays émergents comme la Chine et l'Inde sont de très gros pollueurs. Pour eux, l'intérêt public premier réside davantage dans le droit au développement, qui implique d'engendrer beaucoup de pollutions, alors que pour les pays déjà bien développés qui ont dépassé le stade de la production industrielle, la préservation de l'environnement est primordiale.

Il est donc visible que la question de l'intérêt public ne se conçoit pas de la même manière, selon que l'on se place du côté des pays encore dans le besoin de développement ou des pays déjà développés.

Défendant un intérêt universel qui prend en compte les intérêts étatiques tout en privilégiant l'intérêt mondial, la préservation des biens publics mondiaux nécessite une action concertée des Etats, pour définir un régime permettant de dépasser les préoccupations nationales. Cette dernière exigence invite à définir un régime contraignant qui s'impose au régime commercial multilatéral de l'Organisation mondiale du commerce, qui est un organe mondial de coopération en matière économique.[78]

Parce qu'il tend à aborder des thèmes transversaux qui affectent la condition de l'homme, tel que le droit à l'environnement, le droit au développement, le droit à la santé, le concept conduit à la naissance d' un sentiment de citoyenneté mondiale.

---

[77] P. MOREAU DEFARGES, *op. cit.*, pp. 70-74.
[78] J.-P. TOUFFUT, *op. cit.*, pp. 46-51.

III. La création d'une citoyenneté mondiale

L'émergence des personnes privées dans les relations internationales pose la question de leur reconnaissance en tant que sujets de droit international (A). La reconnaissance des droits fondamentaux de l'homme comme un intérêt mondial qui s'impose aux Etats participe à l'émergence d'une citoyenneté mondiale, qui devrait contribuer à reconnaître aux personnes privées la qualité de sujets de droit international (B).

A. L'émergence de personnes privées dans les relations internationales et la nécessité de leur reconnaissance

Les Etats ne sont plus les seuls acteurs de la société mondiale. En raison de l'internationalisation de l'activité économique, les personnes privées interviennent également dans les échanges internationaux en édictant des normes privées qu'elles s'engagent à appliquer.

En matière de protection de l'environnement, tant la Déclaration de Rio que les droits internes de l'environnement, accordent aux personnes privées un droit d'accès aux informations détenues par les autorités étatiques, ainsi qu'un droit de regard et de participation aux décisions pouvant avoir une incidence sur l'environnement.[79] La contribution des personnes privées dans la préservation du bien public mondial de l'environnement est donc aménagée.

La privatisation des relations internationales est facilitée par l'importance du domaine économique dans l'ordre

---

[79] V. Code de l'environnement français, Chapitre IV, Liberté d'accès à l'information relative à l'environnement (Art. L.124-1).

international, ainsi que par l'intensification des échanges de tous ordres entre les opérateurs privés. Elle a donné lieu à un recul du rôle des Etats et de leur capacité à réguler les flux mondiaux. En revanche, elle a permis de faire des personnes privées des acteurs importants des relations internationales. Aujourd'hui dans la société mondiale, les grandes multinationales ont des pouvoirs aussi importants, voire supérieurs à ceux des Etats.[80]

Compte tenu du recul de l'Etat et de l'importance prise par les libertés individuelles dans l'ordre international, on peut se demander si l'individu est un sujet de droit international. En l'absence de réponse certaine, un auteur a écrit que « *Les sujets de droit sont une création du droit qui s'enrichit et évolue, en fonction des besoins et des valeurs que l'ordre juridique doit promouvoir et servir* ».[81]

La question est donc de savoir quel besoin l'ordre international doit-il servir. Doit-il demeurer le cadre des relations interétatiques ? La réponse est négative en raison même de la participation des personnes privées dans les échanges internationaux, qui s'est traduite par l'existence de normes et de régulation d'origine privée. Celle-ci se manifeste dans les principes Unidroit, les actions des organisations non gouvernementales dans la protection des droits de l'homme, ainsi que les modes alternatifs de résolution des conflits. Le droit international n'est plus uniquement le fait des Etats, il résulte également des sujets privés. Mais si les acteurs privés

---

[80] http://www.asmp.fr-Académie des sciences morales et politiques, interview de P. BAUCHET à Radio Canal Académie, le 27 janvier 2004 : « *La concentration des multinationales conduit les Etats à intervenir autrement* ».
[81] M. MOHAMED SALAH, *Les contradictions du droit mondialisé*, PUF 2002, pp. 174 et s.

sont, de façon certaine, acteurs du droit international, il est moins certain qu'ils en sont des sujets de droit, cette reconnaissance étant dévolue aux Etats.

En raison des interdépendances, il émerge l'idée d'un monde caractérisé par une globalité d'intérêts ; tout individu est intégré dans le « *système monde* », il est susceptible d'avoir une action sur la scène internationale. Le monde se rétrécit du fait des communications et des interdépendances. L'exigence de solidarité et d'unité augmente. Une société civile mondiale émerge grâce à l'existence d'espaces publics d'information et de dialogue fondés sur l'échange entre les individus, qui sont des voies de communication autonomes par rapport aux relations interétatiques, qui reposent sur des échanges entre gouvernants et élites.

La globalisation fait de notre monde une scène unique, elle rapproche les cultures et les hommes et les oblige à entrer à la fois en compétition et en coopération.[82]

Le concept de biens publics mondiaux se fonde sur l'émergence des individus sur la scène internationale, pour asseoir sa légitimité en tant qu'instrument de protection des citoyens du monde.

---

[82] P. MOREAU DEFARGES, *op. cit.*, pp. 40-44 et pp. 58-62.

B. Le régime international des droits fondamentaux et l'émergence de la citoyenneté mondiale

Au 20ᵉ siècle, la montée en puissance du thème des droits fondamentaux en Europe et dans le monde, consacre l'importance des droits des individus que la conception légaliste des Etats ne peut remettre en cause.[83] Ce mouvement tend à promouvoir les libertés individuelles et à construire un système international de protection des droits de l'homme, pour imposer à la communauté internationale d'agir lorsque ces droits sont en danger. On considère la paix mondiale comme un bien public mondial. Il devrait en être de même pour la protection des droits de l'homme, puisque grand nombre d'Etats s'accordent pour reconnaître sa légitimité, même si, dans la pratique, la protection n'est pas toujours effective et relève concrètement du droit national.

L'évolution des sociétés a connu une mutation majeure : d'un libéralisme par la loi, qui voulait émanciper le peuple de l'autorité de la monarchie et de l'Eglise,[84] elle est allée vers un libéralisme par les droits, qui, logiquement, implique d'émanciper les individus de l'autorité des Etats. Cette nouvelle approche du droit sacralise les libertés individuelles. Elle soustrait à l'Etat toute contestation sur la légitimité des droits fondamentaux de l'homme, ce qui implique que l'Etat doive les reconnaître en tant que tels, et ne puisse les modifier de son propre chef.[85]

L'évolution de la société internationale vers une reconnaissance des droits de l'homme qui s'impose aux Etats,

---

[83] M. MOHAMED SALAH, *op. cit.*, pp. 74-87.
[84] L. JAUNE, « Les droits contre la loi ?: une perspective sur l'histoire du libéralisme », *Revue d'histoire Vingtième siècle*, janv-mars 2005.
[85] *Ibid.*

est de nature à engendrer une citoyenneté mondiale du même type que celle qui existe déjà dans le droit européen.[86] Mais si la citoyenneté européenne repose sur une identité culturelle commune déjà existante, la citoyenneté mondiale repose sur une valeur universelle qui reste à définir. Cette définition doit reposer sur l'existence d'une conscience commune au niveau mondial. Le respect des droits fondamentaux de l'homme, qui est un objectif auquel adhère l'immense majorité des Etats, devrait pouvoir servir de socle sur lequel repose la citoyenneté mondiale.

Trois conclusions peuvent être tirées de cette réflexion :

En premier lieu, le concept de biens publics mondiaux est un remède aux problèmes mondiaux résultant d'une globalisation économique qui se désintéresse des biens collectifs. Il a pour ambition de dépasser les conflits entre Etats, et de les responsabiliser dans la protection des intérêts communs. Ce concept est une réponse à la globalisation des problèmes, il appelle une réflexion globale sur le fonctionnement de la « *société monde* » et tend à réaliser une globalisation de l'intérêt général.

Par ailleurs, le concept participe à une certaine cohésion mondiale, principalement, parce qu'il a pour vocation de rééquilibrer la balance entre les intérêts privés et les intérêts généraux de la communauté internationale. Il invite à la reconnaissance d'un régime de propriété publique mondiale qui pourrait avoir pour ambition d'être l'égal du régime commercial multilatéral qui protège les intérêts économiques. Il est une réaction contre le renforcement croissant des intérêts privés dans l'ordre international. Ce qui prône une montée en

---

[86] S. HESSEL, « Vers un Conseil de sécurité économique et social », *Le Monde Diplomatique*, juillet 2003.

puissance de l'interventionnisme dans les relations internationales.

Il suppose la création d'un organe supranational aux pouvoirs aussi forts que ceux de la Commission européenne, et dont les décisions devraient s'imposer aux Etats et aux autres organisations internationales.

Enfin, le concept concerne des thèmes transversaux qui intéressent tous les Etats. Il s'attaque aux questions qui touchent aux conditions de vie des individus : droit à la paix, à l'environnement, au développement, aux droits sociaux, à la santé, à la justice économique. Il suppose de dépasser les intérêts particuliers, pour adopter une culture commune de l'intérêt mondial. Dans ce mouvement d'ouverture croissante de la société mondiale, grâce à l'internationalisation des moyens de communication et à l'accroissement des espaces publics mondiaux, le concept conduit à l'émergence d'une citoyenneté mondiale et ébauche la possibilité d'une société politique mondiale.

Le concept de biens publics mondiaux ayant pour objet de promouvoir l'intérêt public mondial, il est nécessaire d'envisager maintenant la question de sa mise en œuvre.

Deuxième partie : la mise en œuvre du concept de biens publics mondiaux dans l'ordre juridique international

La globalisation a crée de nombreuses interdépendances entre les Etats et les individus. Au début, ces interactions étaient d'ordre économique. Progressivement, elles intègrent d'autres domaines, notamment le domaine social. Ainsi, la globalisation des problèmes a concerné dans un premier temps le domaine économique (i.e. crises financières internationales), pour ensuite s'étendre à d'autres domaines (i.e. souci de protection de l'environnement et de la santé internationale). C'est ainsi que de nouveaux enjeux émergent dans les relations internationales : l'objectif de développement économique n'exclut plus d'autres préoccupations. On parle désormais de « développement durable » pour annoncer que désormais l'économie doit composer avec l'environnement pour trouver sa légitimité et sa durabilité. On voit émerger la revendication d'un commerce équitable (ou économie sociale) pour faire entendre à l'économie qu'elle doit prendre en compte des préoccupations sociales.

Ces propos montrent que l'économie n'est plus seule présente dans l'ordre international. La société mondiale ne peut plus fonctionner par secteurs d'activités. Elle appelle au contraire des solidarités et une approche globale des questions internationales. Telle est la nouvelle exigence de la globalisation. Se nourrissant de la diversité des enjeux mondiaux, le monde doit tendre à l'unité qui appelle des solidarités et une cohérence globale. Cette nouvelle exigence d'unité appelle un mode de fonctionnement qui intègre les soucis des uns et des autres, tout en privilégiant des solutions qui bénéficient à tous.

Pourtant, le fonctionnement des relations internationales est demeuré construit sur des instruments désormais inadaptés aux exigences de réalisation de l'intérêt mondial : instrument économique fondé sur la concurrence, instrument interétatique fondé sur la souveraineté nationale et la coopération internationale, et principe de spécialité issu du droit international classique. Ce constat est pessimiste pour la réalisation de l'intérêt mondial, qui implique tout au contraire de mettre en œuvre des modes de fonctionnement de nature supranationale et institutionnelle, se fondant sur la recherche de solutions globales, et non pas sur les principes de souveraineté étatique et de spécialité des traités.

En l'absence d'un régime spécifique autonome du marché, la mise en œuvre des biens publics dans l'ordre international ne peut se faire que de manière restrictive. Et cette mise en œuvre est d'autant plus entravée, que le principe de spécialité des organisations internationales s'oppose à une approche globale permettant de réaliser l'intérêt mondial (chapitre premier). Cette insuffisance conduit à adopter une démarche prospective, pour porter une réflexion sur les conditions permettant de mettre pleinement en œuvre la théorie des biens publics mondiaux. Cette dernière suppose un bouleversement des modes de fonctionnement contemporains des relations internationales (chapitre second).

Chapitre 1 : une mise en œuvre restrictive des biens publics mondiaux fondée sur des politiques économiques libérales

L'absence de reconnaissance dans un instrument international (section 1), soumet la réalisation des biens publics mondiaux au droit commun, qui réside dans la conception libérale de l'intérêt général. Celle-ci vante les mérites des initiatives privées pour atteindre l'intérêt collectif (section 2), et fait des mécanismes concurrentiels, le mode de régulation par excellence (section 3). Cette conception laisse une grande liberté de décision aux acteurs privés (section 4).

Section 1 : le défaut de reconnaissance internationale des biens publics mondiaux

Le thème des biens publics mondiaux aborde des questions transversales qui ne sont pas régies en tant que telles et globalement par un instrument international unique (I). La protection des biens publics au niveau mondial est reconnue par l'entremise des Etats et des organisations internationales, quand ils mettent en œuvre l'objet de leurs compétences internationales (II).

I. L'absence de reconnaissance textuelle des biens publics à l'échelle mondiale

En l'absence d'une définition et d'un régime international des biens publics mondiaux, ceux-ci n'ont pas de fondement juridique spécifique et autonome.

Le concept n'en revêt pas moins une réalité intellectuelle : les biens publics mondiaux représentent l'ensemble des objectifs qui appellent une protection spécifique pour protéger les libertés publiques des citoyens du monde. A cet effet, ils supposent de se donner les moyens de discipliner la libéralisation économique, et de réguler les interdépendances croissantes. Ils envisagent de protéger l'environnement, le développement, la santé, la paix.

Peut-on parler pour autant d'un droit à un environnement propre, d'un droit au développement, ou encore d'un droit à la santé ? Une réponse positive s'impose. Il existe bel et bien un droit international de l'environnement avec la Déclaration de Rio, le protocole de Kyoto et divers autres traités spécifiques. On peut également suggérer l'existence d'un droit international du développement grâce aux résolutions de l'ONU,[87] aux politiques de développement du FMI et de la Banque mondiale, et au régime du traitement spécial et différencié de l'OMC au profit des pays en développement. Enfin, l'Accord sur les droits de propriété intellectuelle et commerciale (ADPIC) permet, sous certaines conditions, de fabriquer des médicaments sans l'autorisation du titulaire du brevet. L'Accord sur les mesures sanitaires et phytosanitaires (SPS) permet d'adopter des mesures dérogatoires pour protéger la santé publique. Ce qui consacre un droit international à la santé. En outre, la

---

[87] V. Déclaration sur le droit au développement du Haut Commissariat des Nations Unies aux droits de l'homme.

Déclaration universelle des droits de l'homme, qui consacre, entre autres, des droits économiques et sociaux reconnus par la communauté internationale, bien qu'elle n'ait pas de contrainte juridique, n'en bénéficie pas moins d'une contrainte « erga omnes ». La force juridique de la déclaration tient au fait qu'elle soit considérée comme une norme internationale coutumière, qui contraint moralement les Etats à l'intégrer dans leur ordre interne. Ce qui consacre une protection aux droits reconnus par la Déclaration.

Mais aucun instrument international n'ayant expressément consacré la notion de biens publics mondiaux, celle-ci n'a pour l'heure, aucune reconnaissance textuelle, ce qui donne au concept une réalité purement théorique.

Dans l'ordre international, les biens publics sont mis en œuvre par les sujets de droit international.

II. La mise en œuvre des biens publics par les sujets de droit international

L'ordre international ne reconnaît pas de biens publics mondiaux en tant que tels. Pour identifier cette reconnaissance, il faut se situer sur le terrain de la pratique. L'analyse conduit à constater que la définition et la mise en œuvre des biens publics au niveau mondial, sont le fait des sujets de droit international que sont les Etats et les organisations internationales, lorsqu'ils exercent leurs compétences internationales.

En l'absence d'une définition et d'un régime propre des biens publics mondiaux, l'intérêt mondial auquel tend ce concept est soumis à la conception de droit commun. Celui-ci réside, pour les Etats, dans les dérogations pour motif d'intérêt général dans le régime de l'OMC, et du principe de précaution dans le régime international de l'environnement. Et pour les organisations internationales, dans le principe de spécialité.

Les motifs d'ordre public mis en œuvre par les Etats sont des biens publics nationaux ou régionaux. Ils sont des préoccupations des Etats pour préserver leurs intérêts propres. Ils n'ont pas la même vocation que les biens publics mondiaux qui se soucient de l'intérêt général de tous les Etats et de tous les habitants du village planétaire. Le régime commercial mondial ne reconnaît que des biens publics nationaux ou régionaux pour le compte des Etats. Cette reconnaissance se fait en outre sous forme de dérogation au régime de droit commun de la concurrence (A).

Les biens publics mondiaux n'ont de reconnaissance que s'ils sont pris en charge par des organisations internationales sur la base de traités. Ils relèvent alors de l'objet social de l'organisation pris en charge à titre principal, et non plus de simples dérogations aux bénéfices des Etats (B).

A. La mise en œuvre par les Etats

En l'absence d'un gouvernement mondial reconnu, l'Etat demeure aujourd'hui l'autorité suprême pour réaliser les biens publics. L'ordre international ne reconnaît de bien public que si un sujet de droit international le revendique pour son compte. Pour l'heure, les sujets de droit international sont les Etats et les organisations internationales. Les personnes privées n'existent que si les Etats acceptent de prendre à leur compte leurs revendications, en tant qu'elles sont leurs ressortissantes.

On sait que l'Etat a le monopole de la réalisation de l'intérêt national. Il définit ce qui constitue l'intérêt général, ce qui fait de lui le dépositaire du bien commun national.[88]

Les biens publics étatiques peuvent déroger à l'application du droit international, auquel les Etats doivent normalement se soumettre. Or, le concept de biens publics mondiaux appelle une réaction à ce type de défense. Les biens publics mondiaux et les biens publics étatiques ne se rejoignent pas toujours, ceux-là ne résultent pas de l'addition de ceux-ci. Le concept est un dépassement des intérêts étatiques et vise l'intérêt universel. Or, le résultat de l'application du principe de la coopération internationale est exclusivement la prise en compte de la somme des intérêts nationaux. Le concept invite en revanche à une approche institutionnelle soucieuse de mettre en œuvre une mutualisation des intérêts communs qui profite à tous.

La mise en œuvre des dérogations pour motifs d'intérêt général relève de l'appréciation souveraine des Etats. En droit international de l'environnement, comme en droit de l'OMC, les Etats peuvent discrétionnairement adopter des mesures restrictives fondées sur le principe de précaution ou pour motif d'intérêt national.

De même, en application de l'article 31 de l'ADPIC, si les Etats estiment qu'il y va de leur sécurité sanitaire, ils peuvent mettre en œuvre les exceptions à la propriété intellectuelle fondées sur la licence obligatoire et l'importation parallèle.

Dans le régime de l'OMC et le régime international de la protection de l'environnement, la réalisation des objectifs communs doit coexister avec les préoccupations des Etats qui apprécient l'opportunité de mettre en œuvre les dérogations. Dans le régime commercial mondial, la mise en œuvre des

---

[88] F. RANGEON, *L'idéologie de l'intérêt général*, Economica, 1986.

biens publics se fait par l'entremise des dérogations des motifs d'ordre national.[89] Dans le régime international de l'environnement, cette mise en œuvre passe par l'utilisation du principe de précaution.

Mais dès lors que ce sont les Etats qui décident d'une mesure dans l'intérêt national, on peut légitimement douter du caractère désintéressé et universel de la mesure. On peut alors soupçonner les Etats d'adopter des mesures protectionnistes.

B. La mise en œuvre par les organisations internationales

Les actions des organisations internationales en faveur des diverses protections telles que la protection de l'environnement, la sécurité internationale ou la protection des droits sociaux, participent à définir et à mettre en œuvre des biens publics mondiaux. Mais elles sont soumises au principe de spécialité des organisations internationales, et à l'absence de processus de communication permettant de dégager des solutions globales entre les différents enjeux internationaux. En effet, elles fonctionnent de façon autonome et ne respectent que l'objet et les règles qui les obligent. Cette situation est préjudiciable pour la mise en œuvre de la théorie des biens publics mondiaux qui implique de dégager des solutions globales qui prennent en compte les différents enjeux de la planète.

L'absence de reconnaissance internationale du concept de biens publics mondiaux en tant que tel, soumet la mise en œuvre de ce concept à la conception libérale de l'intérêt général.

---

[89] Art. 20 du GATT 47 de l'OMC.

Section 2 : la conception libérale de l'intérêt général

La distinction entre l'approche libérale et l'approche institutionnelle de l'intérêt général (I), conduit à constater la domination de la conception libérale sur la conception institutionnelle dans les relations internationales (II).

I. L'approche néolibérale par opposition à l'approche institutionnelle de l'intérêt général

Une société peut être gouvernée de deux manières différentes.

D'un côté, une approche institutionnelle, qui met en avant la volonté politique et le droit pour réguler la société. Elle exalte le culte de la volonté générale comme source légitime de pouvoir. La défense de l'intérêt général est une justification à la prise en charge de l'activité par les pouvoirs publics, qui peuvent mettre en œuvre le monopole de la contrainte publique pour réaliser leurs objectifs. Cette protection est un objectif public qui légitime la mise en place d'un régime spécifique, dérogatoire des règles ordinaires. Cette dérogation s'exprime sous forme de privilèges des pouvoirs publics, et s'explique par le désintéressement des personnes privées dans la production des biens publics, car elles n'en retirent aucun avantage personnel. Ce qui en résulte une sous-production de l'intérêt général par le secteur privé, que seule une approche institutionnelle peut compenser en édictant des prérogatives supplémentaires au profit des autorités publiques.

La liberté d'entreprendre que permet la concurrence ne peut établir un ordre social parfait, car elle exclut le souci de solidarité qui risque de développer davantage la fracture sociale. C'est pourquoi, le pouvoir, par l'intermédiaire du droit, met souvent en œuvre une politique interventionniste pour maîtriser les inégalités résultant de la libéralisation économique. Cette approche est dictée par l'obligation de responsabilité des Etats dans la préservation des intérêts communs et la volonté de maîtriser le marché en vue d'assurer les biens collectifs.[90]

De l'autre côté, l'approche néolibérale met en avant la capacité des personnes privées à autoréguler leurs relations. C'est Adam Smith qui, en 1776, dans son ouvrage *« Recherches sur la nature et les conséquences de la richesse des nations »*, a construit cette thèse selon laquelle *« l'homme agissant sous l'emprise de son intérêt personnel, contribue à la formation des institutions économiques les meilleures possibles »*.[91] Selon cette conception, il existe un lien très fort entre l'intérêt privé et l'intérêt général,[92] et le rôle des politiques publiques est réduit à soutenir et à faciliter les initiatives privées. La concurrence organise la vie économique et sociale, de sorte qu'il n'existe pas de justification pour l'action politique autre que celle qui serait nécessaire au bon fonctionnement des marchés. Elle va même jusqu'à affirmer que *« toute action mue par un intérêt égoïste non seulement n'est pas immorale dans le domaine du commerce, mais elle constitue même le meilleur moyen de réaliser le bien commun, puisqu'elle a pour objet la satisfaction des besoins des*

---

[90] L. DUGUIT, *L'Etat, les gouvernants et les agents*, Dalloz, 2005, p.774.
[91] A. SMITH, *Recherche sur la nature et les causes de la richesse des nations* (1776), Flammarion, 1991.
[92] M. RIOUX, *Concurrence et biens communs dans une économie globale*, in DELAS/DEBLOCK (dir.), Le bien commun comme réponse à la mondialisation, Bruylant, 2003, pp. 222-223.

hommes ».[93] Ainsi, l'économie, et ce qui la sous-tend, la concurrence, forment ensemble « *une mécanique de l'utilité* »[94] puisqu'elles ont pour vocation de répondre à un besoin. Le marché est comme un terrain où communiquent des individus qui, « *...en recherchant leurs intérêts propres, participent à un processus de découverte des meilleures solutions* ».[95]

Selon cette approche, le bien public n'est pas un état qui transcende les individus, mais l'addition de la somme des intérêts individuels.[96] Elle exclut donc que le bien public puisse transcender les biens privés égoïstes. C'est une approche privatiste de l'intérêt général qui correspond au principe de la coopération internationale fondé sur la coordination mécanique des intérêts privés en vue d'élaborer l'intérêt général. Cette conception ne permet pas de réaliser la théorie des biens publics mondiaux, qui adopte une approche institutionnelle permettant de dépasser les intérêts privés pour fonder un intérêt universel qui profite aux citoyens du monde, et non pas à la somme des Etats entendus comme entités étatiques. En effet, nous l'avons vu, le véritable titulaire des biens publics mondiaux, ne sont pas les Etats pris en tant que tels, mais les individus citoyens du monde disposant d'une conscience collective mondiale d'appartenir à un monde unitaire.

En vertu de la conception libérale de l'intérêt général, toute activité humaine a vocation à recevoir une traduction économique, sous forme de besoins et d'offres exploités par des

---

[93] M. MOHAMED SALAH, *Les contradictions du droit mondialisé*, PUF 2002, pp.100-105.
[94] M. RIOUX, *op. cit.*, pp. 222-23.
[95] *Ibid.*
[96] M. RIOUX, *op. cit.*, p. 242 ; M. SASSOLI, « *La responsabilité internationale de l'Etat face à la mondialisation, la déréglementation et la privatisation : quelques réflexions*» in DELAS/DEBLOCK (dir.), *Le bien commun comme réponse à la mondialisation*, Bruylant, 2003, pp. 303-325.

industries. De fait, dans les sociétés contemporaines, la logique économique imprègne la quasi totalité des activités privées, et la tendance est à la privatisation des activités sociales. Dans l'accord général de l'OMC, il semble qu'à terme, aucune activité humaine ne puisse être soustraite au marché, ce qui pourrait permettre à l'institution d'envisager une mise en concurrence des secteurs jusque là non marchands, tels que la santé et l'éducation.

Cette privatisation de la société mondiale engendre une régulation privée des problèmes sociaux, qui occulte le caractère universel de la protection des biens publics. Une éventuelle libéralisation de l'éducation ou de la santé pourrait impliquer un accès inégal aux besoins essentiels pour le développement de l'homme, en contradiction avec l'article 22 de la Déclaration universelle des droits de l'homme. Selon cette disposition, *« toute personne, en tant que membre de la société, a droit à la sécurité sociale ; elle est fondée à obtenir la satisfaction des droits économiques, sociaux et culturels indispensables à sa dignité et au libre développement de sa personnalité, grâce à l'effort national et à la coopération internationale, compte tenu de l'organisation et des ressources de chaque pays »*. Même si cette disposition n'a pas de valeur contraignante, elle n'en dégage pas moins une priorité de la communauté internationale, de reconnaître des libertés publiques résidant dans la protection des droits sociaux. La théorie des biens publics mondiaux vient en soutien de cette Déclaration en invitant la communauté internationale à assurer l'effectivité des droits fondamentaux.

Il y a une contradiction entre le libéralisme et la protection des intérêts publics, qui résulte de ce que le système libéral est un système mécanique par addition des intérêts privés, alors que la protection des intérêts collectifs transcende les préoccupations privées pour déterminer des objectifs propres à la communauté.

L'observation montre la prédominance de la conception libérale de l'intérêt général, et une timide émergence de la conception institutionnelle.

II. La domination de l'approche libérale et l'émergence timide d'une approche institutionnelle dans le régime international

L'approche libérale domine le système international.[97] Elle résulte de l'application du régime commercial multilatéral de l'OMC, qui prône la concurrence des droits nationaux pour libéraliser l'économie. La domination de la conception libérale s'explique en effet par le fait que la société mondiale a d'abord été le cadre privilégié des échanges interétatiques, grâce auquel les Etats pouvaient libéraliser leur économie en entrant dans la compétition économique. Le droit international est encore marqué par une grande souplesse et une grande liberté, ce qui peut donner lieu à la loi du plus fort et à une insécurité juridique.

Néanmoins, aujourd'hui le régime des échanges internationaux, ainsi que les politiques des institutions de Bretton Woods, ne semblent pas réticents à la prise en considération des impératifs non économiques. Cette ouverture révèle le souci d'encadrer la concurrence pour permettre une compétition qui respecte les droits fondamentaux de l'homme. Elle implique de repenser les relations internationale, qui ne sauraient se passer d'une approche institutionnelle permettant de réguler l'activité économique. Mais pour l'heure, cette ouverture relève de la pure intention. Concrètement, on voit mal comment cette bonne intention peut se réaliser sans

---

[97] *Ibid*

remettre en cause le principe de spécialité. Ce principe, qui régit les organisations internationales, ne permet pas à celles-ci de déroger à l'exercice de leur compétence internationale pour prendre en compte des préoccupations qui ne sont pas les leurs.

Section 3 : un régime des biens publics basé sur la concurrence

La mise en œuvre des biens publics dans l'ordre international est fondée sur une concurrence à la fois économique et juridique (I), conformément au régime de droit commun du système international (II).

I. La concurrence entre les Etats

La concurrence entre Etats s'explique par le besoin des Etats de se développer dans la compétition économique internationale (A), et par le mode d'élaboration des normes internationales basé sur la souveraineté étatique (B).

A. La concurrence basée sur le développement économique

La société mondiale est construite sur les bases d'un besoin de développement et d'internationalisation des économies nationales. Le nouvel enjeu de la puissance mondiale depuis le milieu du $20^{\text{ème}}$ siècle n'est plus la conquête des territoires, mais le développement économique et l'innovation technologique.[98] Il n'est donc pas étonnant que la logique concurrentielle soit le mode de régulation de la société internationale.

La conséquence est majeure : l'ordre international est sous l'influence des règles économiques et d'un mode de fonctionnement basé sur la concurrence entre les Etats. Celle-ci concerne en premier lieu la production normative, puisque l'action principale des Etats dans la compétition économique est la production de normes pour réguler celle-ci. L'intensification des échanges économiques entraîne en permanence une nouvelle attitude des Etats, tendant à aligner leur législation sur les impératifs économiques,[99] qui appellent à la mise en place des instruments fondés sur le modèle libéral. L'intégration d'un Etat à l'économie mondiale exige qu'il adapte en permanence sa législation pour répondre au besoin de la libéralisation. La concurrence entre les entreprises engendre *« une concurrence entre les territoires qui cherchent à attirer les implantations de ces dernières »*.[100] Dès lors, les droits nationaux sont pris dans la logique du marché. Grâce à sa souplesse, on connaît le succès du modèle anglo-saxon pour satisfaire les opérateurs économiques. Il en résulte que les nouvelles normes de l'économie mondiale sont celles du modèle anglo-saxon.[101] Les systèmes juridiques nationaux et internationaux sont sous l'influence du système libéral.

---

[98] P. MOREAU DEFARGES, *Mondialisation*, Que sais-je ?, PUF 2005, pp. 75-83.
[99] M. MOMAMED SALAH, *op. cit.*, pp. 105-37.
[100] C.-A. MICHALET, « *L'évolution de la législation sur les investissements directs étrangers et la dynamique de la mondialisation* », in Mélanges Ph. Kahn, p. 444.
[101] L. COHEN-TANUGI, « Le droit français s'américanise t-il ? », *Revue des deux mondes*, juin 2000, p.76 ; A. MARTIN-CERF, « *La mondialisation des instruments juridiques* », in La mondialisation du droit », *RIDE* 2001, p. 179.

La politique économique libérale réduit le droit à ses propres intérêts. Or, on sait que les impératifs économiques recherchent des intérêts immédiats et privés, en opposition avec la politique d'intérêt général. Les normes de l'économie s'élaborent rapidement pour répondre à la rapide mutation des activités économiques, qui se préoccupent des intérêts privés à court terme et non de l'intérêt général caractérisé par un but désintéressé et une politique à long terme. En effet, l'industrie et la technologie connaissent des évolutions et des mutations très rapides. La concurrence entre les systèmes juridiques va donc à l'encontre de l'intérêt général, qui suppose de prendre en compte l'intérêt collectif des générations présentes et futures. Par ailleurs, la mise en concurrence des droits nationaux joue au détriment des réglementations interventionnistes qui contribuent à la protection des intérêts communs.[102] Le droit devient alors l'instrument privilégié pour servir les libertés économiques aux dépens de l'intérêt de tous.

La soumission du droit à l'économie lui fait perdre son autonomie. Il n'est plus ce qu'il était : une volonté politique qui exprime la volonté générale du peuple.[103] Désormais, il est davantage l'expression de la volonté économique, des libertés individuelles qui résident notamment dans la liberté d'entreprendre. Lorsque la dynamique du droit est d'être concurrentiel pour se défendre sur le marché, la mise en œuvre d'une politique d'intérêt général par un Etat ne peut se faire que de façon restrictive, de façon dérogatoire aux règles qui relèvent de la concurrence. Ce qui n'est pas de nature à assurer l'intérêt collectif, qui suppose que le droit, comme expression de la volonté générale, s'impose aux activités économiques.

---

[102] M. MOHAMED SALAH, *op. cit.*, pp. 105-37.
[103] *Ibid.*, pp. 74-87.

B. La concurrence basée sur la souveraineté étatique

La société mondiale fonctionne davantage sur un mode concurrentiel que sur un mode institutionnel. Si la concurrence dans l'ordre international résulte de la concurrence économique entre les Etats, elle s'explique aussi par le mode d'élaboration des normes internationales, basé sur la souveraineté étatique et les conflits entre les intérêts d'Etats.

Inspirées par l'esprit démocratique, les relations internationales reposent sur le principe d'égalité souveraine des Etats, principe essentiel pour que ceux-ci prennent des engagements disciplinant leur souveraineté.[104] Il n'existe pas de législateur mondial, mais seulement des traités internationaux- pour régir des questions prises en charge par des organisations internationales-, et des droits nationaux -pour les autres questions-. Les questions prises en charge par des traités sont expressément prévues par un instrument international. Toutes les autres préoccupations relèvent de la compétence étatique. Les systèmes étatiques, qui sont sous l'influence du système libéral, sont donc le régime de droit commun dans l'ordre international. Ce constat fait du concept de biens publics mondiaux une théorie qui sera difficile à mettre en œuvre, à un double point de vue.

La difficulté réside, d'une part, dans le fait que le régime commun de la production normative dans l'ordre international est celui de la concurrence des systèmes juridiques nationaux, ce qui n'est pas le mode de production normative prôné par le concept, qui appelle plutôt une source de législation mondiale fondée sur un instrument international.

---

[104] P. BRAILLARD, D. MOHAMAD-RESA, *Les relations internationales*, Que sais-je ?, PUF, 2006, pp. 33-37, pp. 102-119.

D'autre part, la difficulté réside dans la tendance à la libéralisation des systèmes nationaux en raison de leur mise en concurrence. Or, le libéralisme normatif mû par des objectifs économiques, moins soucieux de l'intérêt public, est un frein à la réalisation de la théorie de biens publics mondiaux.

Pour répondre à la difficulté des Etats à assurer la stabilité financière et le développement international, en raison de la souveraineté étatique et de l'absence de concertation globale, certains ont prôné la prise en charge de ces questions par des institutions financières internationales en charge de la stabilité financière et de la lutte contre la pauvreté internationale.[105]

II. Le respect du principe de la liberté économique

Seuls les biens publics nationaux ou régionaux et les traités internationaux reçoivent une reconnaissance internationale parce qu'ils sont des prérogatives des Etats ou des organisations sujets de droit international. Leur mise en œuvre est soumise au régime de droit commun qui réside dans la concurrence (A). Faute de l'existence d'une propriété publique mondiale permettant des prérogatives spécifiques pour protéger l'intérêt mondial, la mise en œuvre des biens publics mondiaux utilise des instruments économiques (B). Pourtant, la concurrence, si elle est prépondérante, n'est pas sans limites, ce qui permet l'ébauche d'une approche institutionnelle pour l'encadrer (C).

---

[105] O. TOURE, *La production de biens collectifs internationaux et mondiaux par les institutions financières internationales*, thèse : http://demeter.univlyon2.fr:8080/sdx/thèses/contenu.xsp?id=lyon2.2006.toure_o.

A. Une mise en œuvre des biens publics fondée sur la conformité avec la concurrence : la méthode de l'exception et le principe de proportionnalité

Le droit communautaire, tout comme le régime commercial multilatéral, appréhende le bien public, tel que défini par une législation nationale, selon une logique concurrentielle en permettant sa production ou sa sauvegarde par la méthode de l'exception aux principes du libre-échange et de l'exigence de proportionnalité à la stricte protection de l'intérêt public. Si un membre de l'OMC peut adopter une mesure contraire au droit de l'OMC, cette mesure n'est licite que si elle est nécessaire et ne représente pas « *une discrimination ou une restriction déguisée au commerce international* ».[106]

La question de l'intérêt public est associée à l'Etat par l'entremise des notions d'intérêt général ou d'intérêt national. Les exceptions générales de l'article 20 du GATT 94 permettent la protection de ces intérêts.[107] Les motifs d'intérêt national ne sont donc pris en compte que de façon restrictive, puisqu'ils constituent des exceptions au droit commun qui réside dans la concurrence. Ils occupent une place accessoire par rapport aux intérêts économiques dans la mesure où ils n'ont pas de reconnaissance spécifique.

La reconnaissance est destinée aux droits évidents qui résident notamment dans la liberté du commerce et l'interdiction d'instituer des obstacles au libre-échange. En revanche, pour les biens publics, un auteur a considéré que, dans l'ordre international, les intérêts collectifs ne bénéficient

---

[106] Art. 20 du GATT 94.
[107] D. CARREAU, P. JUILLARD, *Droit international économique*, Dalloz, n° 786, p. 297.

pas d'une protection suffisante car le régime commercial multilatéral ne reconnaît que des intérêts bien définis qui appartiennent aux commerçants et aux titulaires de la propriété intellectuelle.[108] Par contre, les intérêts publics et les biens collectifs, parce qu'ils ne sont pas textuellement définis, ne sont pas pris en compte. Pour l'heure, ces droits publics sont pris en charge par le droit national. Ce sont des biens publics nationaux considérés par l'OMC comme ayant une « *valeur inférieure à celle de la liberté du commerce et de la propriété intellectuelle* ». Ils sont souvent suspectés de cacher une intention interventionniste. En effet, l'accord général de l'OMC prévoit que « *la mesure d'intérêt national ne doit pas constituer une restriction quantitative aux échanges ni réaliser de discrimination entre les produits similaires* ».[109] Suspectés d'être contraires aux droits définis par l'OMC, la mise en œuvre de ces biens publics nationaux est soumise à l'obligation de justifier de sa nécessité et à celle de se conformer à l'exigence de proportionnalité. Cette dernière exigence implique que la mesure nationale soit celle qui, en poursuivant un objectif, est la moins nocive pour le commerce.

L'exigence de proportionnalité résulte de l'approche du « *service universel* », qui est issue de la conception libérale du service public. Celle-ci exige que la mesure soit strictement nécessaire et la moins préjudiciable possible pour la concurrence. C'est un service public minimal pour servir le fonctionnement du marché. Le service universel est une création du néolibéralisme pour servir la légitimité du marché et lui apporter le minimum de contraintes possibles.

---

[108] J. DREXL, « Les principes de protection des intérêts diffus et des biens collectifs : quel ordre public pour les marchés globalisés ? », *RIDE*, 2003, p. 394.
[109] D. CARREAU, P. JUILLARD, *op. cit.,* p. 297.

La mise en œuvre des biens publics nationaux n'est donc pas autonome, elle est soumise au régime de droit commun qui réside dans la concurrence.

Ces deux exigences de nécessité et de proportionnalité de la mesure d'intérêt public valent également pour le droit communautaire. L'article 87-2 du traité de Rome consacre une exception permettant aux « *services d'intérêt général* » définis par les autorités nationales de déroger à l'application des règles de concurrence.[110] Toutefois, l'ordre communautaire étant d'essence à la fois économique et politique, il protège correctement les biens publics communautaires, parce qu'il se préoccupe de maintenir la cohésion communautaire, en application d'une approche globale des questions communautaires. Il n'existe pas de telle cohésion politique dans l'ordre international. Les biens publics mondiaux sont appelés à recevoir une moindre protection que les biens publics communautaires (biens publics régionaux) car il n'y a pas de cohésion mondiale et il n'existe pas de gouvernement politique mondial qui encadre les pouvoirs économiques.

L'exigence de conformité avec la concurrence ne touche pas seulement les biens publics nationaux. Elle concerne également les biens publics mondiaux, ainsi qu'il en sera développé.

---

[110] L. CARTELIER, « *Politique européenne de la concurrence et nouvelles régulations publiques* », *in Philosophie du droit et droit économique, quel dialogue*, Ed. Frison-Roche, 1999.

B. Une mise en œuvre des biens publics fondée sur des incitations économiques

En l'absence d'un régime international qui consacre une protection spécifique des biens publics mondiaux, la préservation de ceux-ci est soumise à la concurrence. Deux exemples de biens publics mondiaux essentiels illustrent cette emprise : la connaissance (a) et l'environnement (b).

a) Le régime international de la propriété intellectuelle

Tant le renforcement de la propriété intellectuelle[111] (1°), que les exceptions à la propriété intellectuelle (2°), participent d'une mise en œuvre des biens publics fondée sur la concurrence.

1°) Le renforcement de la propriété intellectuelle

La connaissance est soumise au régime international des brevets, qui permettent une méthode concurrentielle de développement scientifique et technologique. Fondé sur l'attribution de droits de propriété sur la création, cet instrument incite les personnes privées à investir dans la recherche et l'innovation, parce qu'il leur permet de rentabiliser

---

[111] Les dispositions de l'Accord général sur les droits de propriété intellectuelle qui touchent au commerce (ADPIC), telles qu'issues des négociations multilatérales des cycles d'Uruguay (1986-1994) et intégrées dans le système de droit de l'OMC, prévoient un renforcement de la protection des brevets avec notamment une nouvelle durée de protection de 20 ans au lieu de 10 ans.

leurs recherches. Cet instrument économique est une incitation efficace à la recherche et au progrès. Il relève d'une mise en œuvre de la conception libérale de l'intérêt général, selon laquelle l'intérêt public est mieux servi si on laisse les individus libres de travailler pour satisfaire leurs intérêts propres.

Le brevet est donc un instrument économique utile pour développer le bien public mondial de la connaissance. Toutefois, depuis quelques années, la pression économique est telle que le régime international de la propriété intellectuelle renforce le droit de la propriété intellectuelle au profit du titulaire du brevet. Cette tendance protège les droits privés aux dépens de l'intérêt général, qui suggère au contraire de permettre une plus large ouverture à la connaissance. La réduction de celle-ci, en raison d'un coût dissuasif, a pour effet de réduire la production de la connaissance. Lorsque l'on sait que *« la plupart des innovations et des inventions s'appuient sur des idées qui font partie du bien commun de l'humanité »*,[112] on peut se demander si ce renforcement de la protection du brevet est justifié. S'il est justifié pour inciter les investissements à se porter dans la recherche et l'innovation, la restriction à la connaissance qui en résulte peut aller à l'encontre de la culture, qui implique de rendre collectives toutes les connaissances du monde.

On s'accorde sur l'importance de l'économie de la connaissance, dont fait partie la propriété intellectuelle, qui est un facteur essentiel de développement. La politique libérale de compétitivité basée sur le secret des brevets et des savoirs-faire, est en contradiction avec l'exigence de transparence, nécessaire au développement de l'économie du savoir. Le public est ainsi

---

[112] http://www.avataria.org/free/queau.htm, P. QUEAU, *« Propriété intellectuelle et bien commun mondial »* ; A. BIHR et F. CHESNAIS, « A bas la propriété privée ! », *Le Monde diplomatique*, oct- nov. 2005.

soumis à une rétention de connaissances contraire à la liberté de la connaissance.

Le renforcement de la protection intellectuelle fait du droit public d'accès à la connaissance, une préoccupation secondaire par rapport au souci de ménager une forte concurrence de la connaissance en protégeant suffisamment les titulaires et les investisseurs. Bien sûr, la concurrence de la connaissance que permet le renforcement de la propriété intellectuelle participe au développement d'une société de connaissance, puisqu'elle ne décourage pas les investisseurs sur l'opportunité d'investir dans de nouvelles recherches.

Mais dans le même temps, le renforcement de la propriété intellectuelle limite cette production, dès lors qu'il s'agit de payer un prix pour avoir accès à une connaissance brevetée. Ce régime favorise la connaissance privée aux dépens d'une connaissance publique, laquelle participe au développement du patrimoine mondial de l'humanité. Celui-ci est un souci qui dépasse les intérêts privés et ne se préoccupe que de l'enseignement de toutes les connaissances du monde.

Le libéralisme, en même temps qu'il produit de nouvelles connaissances grâce à la liberté des initiatives privées, s'oppose ainsi au principe fondamental de la démarche scientifique fondée sur la liberté de pensée, de conscience et d'information. Le libre développement de la connaissance pour l'humanité constitue un bien public mondial qui est consacré par la Déclaration universelle des droits de l'homme.[113]

---

[113] Article 27 de la Déclaration Universelle des Droits de l'Homme :
« *Toute personne a le droit de prendre part librement à la vie culturelle de la communauté, de jouir des arts et de participer au progrès scientifique et aux bienfaits qui en résultent.*
Chacun a droit à la protection des intérêts moraux et matériels découlant de toute production scientifique, littéraire ou artistique dont il est l'auteur ».

2°) Les exceptions à la propriété intellectuelle

En vertu de l'article 27-2 de l'accord sur les aspects des droits de propriété intellectuelle qui touchent au commerce (ADPIC), une invention peut être interdite de brevetabilité quand son utilisation est nécessaire pour « *la protection de la santé et de la vie des personnes et des animaux, la préservation des végétaux ou pour éviter un préjudice grave à l'environnement* ».

L'article 31 prévoit deux exceptions à la propriété intellectuelle sur les médicaments. La licence obligatoire permet à un pays de s'octroyer une licence en cas d'urgence sanitaire pour produire la molécule, y compris contre la volonté du détenteur du brevet. Par ailleurs, grâce au principe de l'épuisement, l'exception de l'importation parallèle permet à un pays d'importer moins cher un médicament breveté. Ces deux instruments juridiques qui permettent la protection de la santé reposent sur des autorisations de la loi, dont les conditions d'exercice sont restrictivement définies par les textes.

La santé relève de l'intérêt mondial car elle est soumise à une très forte interdépendance entre les populations. Pourtant, la mise en œuvre de ce bien public mondial se fait de façon restrictive, elle est une mesure dérogatoire du droit commun qui réside dans la protection de la propriété intellectuelle et dans la concurrence de la recherche et des innovations. De même que les exceptions de l'article 20 de l'accord général de l'OMC, ces deux exceptions sont inspirées de la notion néolibérale de « *service universel* » qui exige deux conditions pour la validité de sa mise en œuvre : la nécessité de la mesure et l'exigence de proportionnalité. En effet, les conditions de validité de la licence obligatoire sont non seulement soumises à la protection du détenteur du brevet (rémunérations commerciales), mais aussi à l'exigence de la condition de nécessité résidant dans l'urgence sanitaire.

Ces exigences liées au respect de la propriété intellectuelle, restreignent la liberté des politiques publiques dans la définition et la mise en œuvre des mesures en vue de la protection de la santé qui participe au bien public mondial de la santé.

b) Le régime international de protection de l'environnement

Le droit international de l'environnement est également soumis au marché. Il est régi par le concept de développement durable (1°), qui incite à utiliser des instruments économiques pour mener à bien les objectifs de protection (2°). En matière de protection internationale de l'environnement, la mise en œuvre de l'intérêt public se réalise par l'entremise de l'application du principe de précaution (3°).

1°) Un régime international de l'environnement non autonome : le concept de développement durable

Peu d'institutions s'occupent spécifiquement et intégralement de l'environnement, parce que la plupart des grandes organisations internationales ont déjà intégré dans leur politique la défense de l'environnement. Comme la France, qui a intégré dans la Constitution française la Charte de l'environnement, faisant ainsi de ce droit un principe fondamental. La protection de l'environnement est un thème transversal par excellence.

Le droit de vivre dans des conditions de vie satisfaisantes grâce à un environnement propre est un impératif d'ordre public mondial, qui doit composer avec un autre besoin tout aussi impérieux, le droit au développement. La conciliation du besoin de développement avec la protection de l'environnement peut être réalisée par la production de nouvelles énergies non polluantes. Cette problématique a donné lieu au concept de développement durable qui constitue la conciliation entre les deux impératifs. Il implique de permettre un droit au développement équilibré qui ne porte pas atteinte au droit des générations futures à bénéficier d'un environnement propre. Certains ont vu dans ce besoin de protection de l'environnement une revendication à la « décroissance ». Selon Serge Latouche, la « société de croissance » n'est plus soutenable, car elle engendre une « *déréglementation climatique, des guerres de pétrole, et probablement à l'avenir des guerres de l'eau et des disparitions d'espèces végétales et animales* ». Selon lui, la décroissance n'est pas le recul de la croissance, mais une croissance portée par le souci de ne pas épuiser les potentialités de la planète aux dépens des générations futures, en somme une croissance qui respecte l'environnement.[114]

On a tendance à opposer la protection de l'environnement, qui est une capacité réservée aux pays développés, au droit au développement, qui est fondamental pour les pays pauvres. Cette différenciation doit être prise en compte dans l'élaboration des politiques de protection de l'environnement pour mieux respecter la diversité et les besoins des Etats.

Le concept de développement durable tend à moraliser le développement économique. Il entend imposer à l'économie le respect de l'environnement, mais il entend aussi soumettre ce dernier à la liberté économique. Cette soumission de la protection de l'environnement à l'exigence du développement économique engendre une mise en œuvre restrictive des

---

[114] S. LATOUCHE, « Pour une société en décroissance », *Le Monde diplomatique*, juin-juillet 2005.

objectifs environnementaux. Dans le régime du commerce international, cette protection est reconnue par l'article 20 de l'accord général,[115] qui encadre strictement les mesures adoptées en vue de cette protection. En effet, ce texte est formulé sous forme de dérogations dont la mise en œuvre est limitée conformément au principe du libéralisme économique.

Cette dépendance à l'activité économique impose à la protection de l'environnement de recourir aux instruments économiques.

2°) Un régime utilisant des instruments économiques

La protection internationale de l'environnement se conforme à la conception libérale de l'intérêt général en adoptant des instruments économiques pour servir ses objectifs. Selon cette approche, le problème de l'intérêt public reçoit une solution économique. La protection de l'environnement est recherchée sur deux plans, le plan juridique et le plan économique. Sur le plan réglementaire, les politiques adoptent des textes, tant au niveau national qu'au niveau international, sanctionnant des comportements portant atteinte à l'intégrité de

---

[115] Article 20 du GATT 1994 : « *Sous réserve que ces mesures ne soient pas appliquées de façon à constituer soit un moyen de discrimination arbitraire ou injustifiable entre les pays où les mêmes conditions existent, soit une restriction déguisée au commerce international, rien dans le présent accord ne sera interprété comme empêchant l'adoption ou l'application par toute partie contractante des mesures :*
b) nécessaires à la protection de la santé et de la vie des personnes et des animaux ou à la préservation des végétaux (...)
g) se rapportant à la conservation des ressources naturelles épuisables, si de telles mesures sont appliquées conjointement avec des restrictions à la production ou à la consommation nationales »

l'environnement.[116] Sur le plan économique, la mise en œuvre de la protection de l'environnement est basée sur la concurrence. En effet, dans l'ordre international, le principe 16 de la Déclaration de Rio de 1992 se réfère aux instruments économiques pour promouvoir la protection de l'environnement. De même, l'Action 21, programme pour l'environnement, prône l'établissement d'un « plan directeur encourageant la création de nouveaux marchés dans les domaines de la lutte contre la pollution et de la gestion écologiquement plus raisonnable des ressources ».[117] Le Protocole de Kyoto sur les gaz à effet de serre de 1997, quant à lui, a crée « *le marché de droits négociables* »,[118] instrument économique permettant de minimiser les gaz à effet de serre dans l'atmosphère. Le Protocole adopte un système d'échange des quotas pour réaliser la protection de l'environnement.[119] Il utilise un instrument économique pour mettre en œuvre un but d'utilité publique.

Cette politique est la traduction du concept de développement durable qui réconcilie le développement avec la

---

[116] Une loi du 3 mai 2001 prévoit des sanctions pénales pour les rejets illicites d'hydrocarbures en mer, en application de la directive européenne 2000/59/CE relative et résidus des cargaisons des navires.
[117] Action 21 de la Déclaration de Rio sur l'environnement et le développement, Déclaration de principes relatifs aux forêts, Nations Unies, 1993, pp. 56 et s.
[118] L. BOISSON DE CHAZOURNES, « *Le protocole de Kyoto sur les changements climatiques : à propos de la régulation juridique de stratégies économiques dans le domaine de l'environnement* », in L'outil économique en droit international de l'environnement, S. MALJEAN-DUBOIS (dir.), La Documentation française, 2001.
[119] Le système est le suivant : l'Etat détermine un plafond global d'émission autorisées et distribue des quotas aux pollueurs, qui sont des permis d'émettre. Chaque quota correspond à une limite à ne pas dépasser ; si l'émetteur n'atteint pas cette limite, il peut vendre le restant de ses quotas à un autre émetteur qui pourra ainsi l'utiliser. Le niveau d'émission globalement autorisé reste le même.

protection de l'environnement. Ce système montre que l'instrument économique est utile lorsqu'il se destine à des opérateurs économiques soucieux de préserver leurs intérêts propres dans un environnement fortement concurrentiel. Une solution économique est nécessaire lorsqu'on entend faire intervenir les personnes privées dans la préservation de l'environnement. Parce que l'activité économique engendre la dégradation de l'environnement, la politique de protection de l'environnement ne peut se faire sans la participation active des opérateurs économiques, ce qui implique une certaine privatisation dans la définition de la politique environnementale,[120] puisqu'il faut utiliser les impératifs économiques immédiats des entreprises pour servir l'intérêt général.

3°) Le principe de précaution

Le souci de protéger l'environnement est à l'origine du concept de précaution qui impose à la génération présente d'« *agir en bon père de famille* »[121] dans le déploiement des activités qui risquent de porter atteinte à l'environnement. La mise en œuvre de cette règle de précaution implique également pour l'Etat de veiller à ce que les activités exercées sous sa juridiction ne causent pas de préjudices à l'environnement des Etats voisins.

Compte tenu du principe de souveraineté étatique, qui implique que les Etats décident souverainement de mettre en œuvre ou pas ce principe, la question se pose de savoir si ce concept peut être qualifié de principe juridique ou de règle de

---

[120] S. BRUMEL, *Le développement durable*, Que sais-je ?, PUF, 2007, pp. 85 et 103.
[121] L. LUCCHINI, « Le principe de précaution en droit international de l'environnement : ombres plus que lumières », *AFDI*, 1999, pp. 716-31.

droit, qui obligerait les Etats à adopter des mesures restrictives pour protéger l'environnement. La réponse n'est pas évidente, car le principe de précaution a un contenu variable en fonction des connaissances scientifiques ou du risque de dommages graves, ce qui en fait une règle évolutive ne permettant pas d'avoir une force contraignante.

En outre, l'interprétation de la mise en œuvre de ce principe est divergente selon les approches des Etats en matière de protection de l'intérêt public.[122] Aux Etats-Unis, une mesure de protection de l'environnement, fondée sur le principe de précaution, ne peut être adoptée, que s'il est scientifiquement démontré qu'il existe un réel danger pour l'environnement. L'Europe adopte l'approche inverse en privilégiant l'aspect préventif du principe de précaution : une telle mesure est justifiée tant qu'il n'est pas prouvé qu'il n'existe aucun danger pour l'environnement. Le contentieux des bœufs aux hormones opposant les Etats-Unis et le Canada à l'Union européenne illustre cette opposition d'approches. Dans cette affaire, L'Union européenne a invoqué le principe de précaution de manière préventive, pour s'opposer à l'importation en Europe de viandes de bœufs américains et canadiens. Cette approche est rejetée par les Etats et le Canada qui se positionnent, non sur le terrain de la prévention, mais sur celui du risque scientifiquement prouvé.

Ce qui engendre une disparité d'interprétation du principe de précaution selon les Etats, une différenciation dans la protection des intérêts publics, selon que le principe est mise en œuvre de façon renforcée comme en Europe ou restrictive comme aux Etats-Unis.

---

[122] C. LONDON, *Commerce et environnement,* Que sais-je ?, PUF, 2001, p.94.

Le principe de précaution est un simple principe directeur, néanmoins utile pour orienter un comportement responsable de l'environnement et respectueux des milieux naturels.

Bien qu'il représente l'expression d'un intérêt national, en raison d'une mise en œuvre fondé sur le principe de subsidiarité, ce principe contribue néanmoins à l'intérêt général car il prône une restriction à l'atteinte portée à l'environnement. Même justifiée par un objectif protectionniste, le principe de précaution contribue toujours à la préservation de l'environnement ou de la santé. S'il constitue un préjudice au libre-échange international, il favorise en revanche la protection des biens publics mondiaux de l'environnement et de la santé.

Section 4 : l'intégration des personnes privées dans la production des biens publics mondiaux

Les Etats ont un rôle subalterne de serviteur du développement économique. Faute de réelle autonomie, les Etats ont du mal à arbitrer la confrontation entre les enjeux économiques et l'intérêt général de la population. Ils ne peuvent donc réaliser seuls l'intérêt collectif. C'est dans ce contexte d'effacement de l'Etat et d'effritement de la confiance dans l'organe politique, que l'engagement des personnes privées est venu contribuer à la définition et à la mise en œuvre de l'intérêt général à l'échelle mondiale.

Plusieurs constats affichent le rôle des personnes privées dans le développement des biens publics mondiaux : les incitations à l'endroit des personnes privées pour préserver l'environnement (I) ; le contrat public-privé (II) ; les initiatives de la société civile qui s'illustrent dans l'institution du commerce équitable (III) ; la participation des organisations non gouvernementales dans la défense d'intérêts publics (IV).

I. Les réglementations incitant les acteurs privés à préserver les biens publics

En raison de la privatisation de nombreux services publics comme l'électricité ou encore les transports maritime et aérien, le secteur privé s'est substitué au rôle de l'Etat dans la production de nombreux biens publics. L'Etat est alors réduit à un simple acteur normatif pour réguler le marché et protéger les intérêts publics. Le recul du rôle de l'Etat a pour contrepartie une plus grande implication des acteurs privés dans la réalisation des biens collectifs.

La coopération internationale en matière de protection de l'environnement adopte une politique incitant les acteurs privés à aligner leurs préoccupations propres sur les politiques d'intérêt général de protection de l'environnement. Dans le Protocole de Montréal de 1987 visant à réduire les émissions de gaz à effets de serre, les Etats ont adopté deux incitations : une aide additionnelle aux pays en développement pour qu'ils respectent leurs engagements internationaux, et des sanctions commerciales pour les pays développés qui ne respecteraient pas ces engagements.[123]

Ces instruments sont efficaces car ils permettent de discipliner le comportement des Etats dans le sens du respect des normes de protection de l'environnement. Les opérateurs

---

[123] J.-P. TOUFFUT, L'avancée des biens publics : politique de l'intérêt général et mondialisation, Albin Michel Economie, 2006, pp. 47-51 ; A.-E. PITAULT CHARBONNEL, Les différents modes de fourniture des biens collectifs et leurs conséquences, *Thèse*, novembre 1999.

économiques, comme les Etats d'ailleurs, sont préoccupés avant tout par leur rentabilité immédiate, attitude qui leur permet de survivre dans un milieu de plus en plus concurrentiel. Ils ne sont donc en mesure de respecter l'environnement que s'ils sont contraints et forcés. L'intégrité de l'environnement étant fondamentale pour la survie de l'humanité, on peut légitimement se demander si un comportement mettant en danger la survie de l'humanité ne pourrait pas être qualifié de « crime contre l'humanité ».

II. Le contrat de partenariat public-privé

Classiquement, le monopole de la mise en œuvre de l'intérêt général relève de la compétence des Etats. Les Etats peuvent toutefois déléguer à des personnes privées la mission de mettre en œuvre leur mission d'intérêt général.

Le contrat public-privé permet à une personne publique de confier à une personne privée la réalisation d'un ouvrage destiné à un service public.[124] C'est une délégation de mission de service public. Il existe donc un instrument juridique permettant d'engager les acteurs privés dans la réalisation d'une mission d'intérêt général, soit parce que l'Etat a besoin de financements privés pour assurer un service public, soit parce que l'action de l'Etat est jugée moins efficace que le secteur privé.

---

[124] V. l'initiative en vue de promouvoir la prise en charge des services publics par le secteur privé, avec les propositions de la Chambre de commerce et d'industrie de Paris pour le développement des partenariats public-privé, rapport de L. B. KREPPER, du 23 novembre 2006.

III. Les initiatives de la société civile mondiale dans la défense des intérêts publics mondiaux

La plus remarquable d'entre elles est le réseau du commerce équitable (A), qui manifeste une certaine méfiance vis-à-vis de la régulation économique traditionnelle fondée sur les échanges interétatiques. Ce qui illustre une méfiance à l'égard de l'Etat (B) dans sa capacité à préserver les besoins fondamentaux de l'homme (C).

A. Le commerce équitable

Le commerce équitable, réseau de solidarité internationale, est né des initiatives privées pour permettre un meilleur partage des richesses issues de la globalisation économique.[125] Cet équilibre est indispensable pour maintenir la cohésion économique mondiale. En prônant un commerce équitable et solidaire, ce mouvement contribue à la mise en œuvre du bien public mondial de la justice économique. Il ébauche un nouveau mode de régulation juridique de la libéralisation économique : « *un droit économique solidaire d'origine privée* ».[126] L'originalité de ce mouvement réside dans l'initiative privée pour défendre des valeurs de justice et de solidarité. Le commerce équitable est une action en faveur d'une politique économique sociale qui montre le rôle de la société civile dans la production d'une société mondiale solidaire.

---

[125] W. ABDELGAWAD, « Le commerce équitable et la société civile », *RIDE*, 2003, p. 197.
[126] *Ibid*

Ce phénomène s'explique lorsqu'on considère que le rôle des Etats est davantage porté à soutenir le développement économique plutôt qu'à l'encadrer. L'objectif de libéralisation économique, auquel adhèrent les Etats, ne s'accommode pas d'un interventionnisme étatique. Cela peut engendrer un déséquilibre entre la protection des droits économiques prise en charge par l'Etat et celle des droits collectifs qui sont relégués au second plan. L'émergence des initiatives de la société civile vient comme un contrepoids au pouvoir des Etats qui peuvent être soupçonnés de servir les intérêts économiques privés au détriment des intérêts collectifs. Cette initiative montre une conscience citoyenne mondiale, d'un monde global et solidaire qui dépasse les Etats et les normes qu'ils peuvent édicter.

Si le commerce équitable tend à être reconnu dans l'ordre européen, le régime du commerce mondial semble être réticent à ce mouvement. Le commerce équitable, qui est d'origine privée, est autonome des échanges commerciaux soumis au régime de l'OMC. Il n'existe pas d'encadrement juridique du commerce équitable, lequel, au surplus, représente une très faible part du volume global des échanges internationaux, soumis pour l'essentiel au régime commercial multilatéral de l'OMC. Or, celui-ci applique les règles de la liberté économique éloignées des valeurs morales de justice et de solidarité. Toutefois l'observation récente montre une tendance visant à « *reconnaître officiellement le mouvement du commerce équitable et à consacrer ses principes et instruments* ».[127]

---

[127] *Ibid*

B. Une réaction contre le risque de corruption des Etats

On renvoie souvent la société civile à un mode d'expression des individus qui est rendu possible grâce à des espaces publics d'information et de dialogue fondés sur les échanges à partir d'internet. Ce mode d'expression populaire est autonome par rapport à l'ordre international classique fondé sur les relations interétatiques et les échanges entre élites.[128] On est passé d'un régime hiérarchique des administrations d'Etats et des entreprises privées, à un réseau mondial transversal qui place tous les acteurs à égalité. Celui-ci se positionne comme un contre-pouvoir à la régulation traditionnelle fondée sur les relations entre élites. C'est comme si les Etats pouvaient manquer de transparence et être soupçonnés de connivence avec les grands industriels ou financiers, de sorte qu'ils peuvent ne plus remplir leur rôle de maître de l'intérêt commun. Pour rendre la société internationale plus démocratique et plus transparente, la société civile mondiale s'organise pour veiller à ses intérêts. L'émergence de la société civile est donc une réaction au risque de corruption de l'Etat qui est tiraillé entre deux intérêts opposés, celui du développement économique soutenu par les grands acteurs économiques, et l'intérêt général qui profite à tous et relève de sa responsabilité.

La globalisation des sociétés appelle la recherche d'une plus grande transparence, elle renforce le besoin de lisibilité. Pour se faire, elle consacre un droit d'accès des citoyens du monde à la connaissance des décisions susceptibles d'avoir des retombées

---

[128] M. SASSOLI, « *La responsabilité internationale de l'Etat face à la mondialisation, la déréglementation et la privatisation : quelques réflexions*», in DELAS/DEBLOCK (dir.), Le bien commun comme réponse à la mondialisation, Bruylant, 2003, p. 170.

sociales. Tant le code de l'environnement français[129] que la Déclaration de Rio, accordent aux personnes privées un droit d'accès aux informations et un droit de regard sur les décisions pouvant avoir une incidence sur l'environnement.

Une méfiance à l'égard des Etats est légitime. Dans l'ordre international, l'Etat n'est plus cette autorité suprême incontestable qui représente la volonté générale. Il pourrait être le porte-parole des grands intérêts financiers. Il peut y avoir une convergence d'intérêts, un croisement d'intérêts entre des acteurs économiques et l'Etat. Et cette possibilité peut être difficilement contestée lorsque l'on sait que, initialement, les Etats se sont organisés collectivement pour permettre leur développement économique, ce qui fait d'eux les défenseurs des libertés économiques. Au début de sa formation, la société internationale était ainsi le théâtre des relations économiques entre les élites.

L'émergence de la société civile mondiale met un terme à ce privilège. Les relations internationales ne sont plus seulement le fait des élites, elles intègrent à présent la classe populaire grâce à Internet, à l'internationalisation des voies de communication et à la démocratisation de l'économie du savoir. Les relations internationales ne sont plus seulement économiques, elles s'intéressent désormais aux préoccupations sociales et culturelles, ce qui montre une possibilité de fonder une véritable société politique mondiale.

L'action de la société civile dans les relations internationales transite notamment par les organisations non gouvernementales (ONG). Nous savons que le régime commercial multilatéral fonctionne de façon fermée, puisqu'il exclut a priori la prise en compte des valeurs qui ne seraient pas celles du libéralisme

---

[129] Chapitre IV, Liberté d'accès à l'information relative à l'environnement (article L-124-1).

économique que défend l'OMC. En effet, l'OMC, en vertu du principe de spécialité, ne se préoccupe que de l'objet pour lequel elle a été créée, c'est-à-dire les échanges internationaux. En privilégiant les intérêts économiques aux dépens des valeurs collectives, l'OMC ne s'intéresse qu'aux intérêts du marché.

D'où l'émergence de grandes ONG, anti-OMC, [130] pour dénoncer un fonctionnement fermé de l'Organisation. En intervenant comme amicus curiae dans les procès internationaux, en contribuant ainsi à la production et à l'application du droit international, les ONG défendent les intérêts collectifs des citoyens du monde[131] et contribuent à ce que ces derniers soient pris en compte par l'ordre international. L'exigence est à la prise en compte des intérêts collectifs dans les procès économiques internationaux.

Ce qui engendre une privatisation des procès économiques internationaux, qui comporte un avantage et un inconvénient. L'avantage réside dans la possibilité offerte aux associations et aux ONG de faire entendre et protéger les valeurs qu'elles défendent, ce qui participe à une démocratisation des procès internationaux et à la défense de l'intérêt général au niveau mondial. Le revers de la médaille est la possibilité offerte aux groupements d'intérêts privés ou lobbyings, de faire prévaloir leurs intérêts propres aux dépens de l'intérêt général.

---

[130] L. CARAMEL, « L'influence grandissante des grandes ONG anti-OMC », *Le Monde*, 16 septembre 2003.
[131] A. MEZHANI, « *Méthodes de droit international privé et contrat illicite* », Recueil des cours 2003, pp. 378 et s.

C. La protection des besoins fondamentaux de l'homme

La société civile est appelée à promouvoir la défense des biens publics mondiaux. Elle est représentée par les ONG et les initiatives privées tendant à défendre des valeurs non marchandes par opposition aux valeurs économiques, déjà prises en charge par les Etats et le régime commercial multilatéral.

Les intérêts que défend la société civile internationale sont ceux qui ont une valeur morale propre à la dignité de l'homme et qui transcendent les intérêts particuliers. C'est une prise en charge de la protection des droits de l'homme en réaction aux politiques injustes ou aux méfaits du libéralisme économique.

Ce dernier est fondamentalement fondé sur la concurrence, système qui profite à celui qui aura su le mieux exploiter les différences entre les systèmes (i.e. délocalisations des entreprises occidentales). Le libéralisme peut s'opposer à la protection des droits de l'homme, qui est fondée sur une obligation morale de respecter les droits sociaux, qui implique nécessairement des restrictions à la liberté économique.[132] L'émergence du régime international de la protection des droits de l'homme depuis la seconde guerre mondiale est également une réaction aux atteintes à la dignité humaine durant le 20ème siècle par les régimes totalitaires.

Cette protection est devenue une exigence dont la légitimité fait l'unanimité parmi les Etats. Contrairement aux principes économiques qui mettent en confrontation des intérêts particuliers, - ceux des importateurs, des exportateurs, des

---

[132] Sur cette question de la conciliation entre l'OMC et les Droits de l'Homme, voir rapport de A.-C. HABBARD et M. GUIRAUD, L'OMC et les Droits de l'Homme « une équation à résoudre », *FIDH* n°285, novembre 1999.

investisseurs -, les droits de l'homme constituent un thème transversal qui unit les Etats et qui, en tant que tel, devrait les faire adhérer à l'idée que toute société est constituée en vue du développement et du bien être de l'homme.

Or, ceux-ci ne sont pas uniquement d'ordre économique ou matériel, ils intègrent aussi des exigences non marchandes que sont la protection sociale et les valeurs morales de l'humanité. Selon cette approche globale du développement humain, on peut ne reconnaître à l'OMC une pleine légitimité que si elle intègre dans ses politiques économiques, le respect des droits de l'homme. Le soin du développement de l'homme est un devoir moral à l'adresse des autorités nationales et internationales consacré par la Déclaration universelle des droits de l'homme de l'ONU dans son article 22.[133]

Cette revendication des droits de l'homme participe de la création d'un sentiment de citoyenneté mondiale. Peut-on pour autant affirmer l'existence d'une citoyenneté mondiale ? Le concept de biens publics mondiaux l'affirme en faisant des citoyens du monde les propriétaires et les bénéficiaires des biens : ceux-ci sont publics et mondiaux parce qu'ils appartiennent et bénéficient non seulement aux Etats mais aussi aux citoyens du monde.

---

[133] « *Toute personne, en tant que membre de la société, a droit à la sécurité sociale; elle est fondée à obtenir la satisfaction des droits économiques, sociaux et culturels indispensables à sa dignité et au libre développement de sa personnalité, grâce à l'effort national et à la coopération internationale, compte tenu de l'organisation et des ressources de chaque pays* ».

Chapitre 2 : un concept induisant un bouleversement des relations internationales

La mise en œuvre du concept de biens publics mondiaux n'est pas aisée dans le contexte actuel des relations internationales, fondé sur la prédominance de la concurrence, sur les principes de spécialité et d'autonomie des organisations internationales, ainsi que sur la souveraineté étatique et le principe de coopération internationale.

Parce que le concept prévoit une propriété publique mondiale qui autorise des prérogatives de puissance publique mondiale, la théorie écarte l'approche concurrentielle au profit d'une approche institutionnelle, dont la régulation incombe à un organe supranational. La mise en œuvre du concept suppose un encadrement de la concurrence et la remise en cause du régime commercial multilatéral (section 1). Et, parce que ce concept a pour vocation de transcender les particularismes sectoriels ou étatiques pour protéger des biens qui profitent à tous, sa mise en œuvre invite à reconnaître une entité mondiale qui serait différente et supérieure aux Etats (section 2). Enfin, parce que les Etats agissent dans les relations internationales en vue de leurs intérêts propres, le principe de la coopération internationale contrarie la protection des biens communs, qui invite, au contraire, à dégager des valeurs communes qui transcendent les intérêts des Etats. Cette dernière exigence présage de la difficulté à mettre en œuvre notre concept (section 3).

Section 1 : l'encadrement de la concurrence et la remise en cause du régime commercial multilatéral

Le concept suppose une remise en cause de la conception libérale de l'intérêt public (I). Ce qui a pour effet de réintroduire le rôle du politique et du droit pour maîtriser le pouvoir économique et donner à l'intérêt général une plus grande place dans l'ordre international (II). De fait, on observe une timide volonté d'encadrement des règles du libéralisme (III). Dans la mesure où le régime concurrentiel du commerce multilatéral ne permet pas de prendre suffisamment en compte les intérêts collectifs et les valeurs morales, puisque, par nature, l'OMC n'est pas une organisation des droits de l'homme, la théorie des biens publics mondiaux remet en cause ce régime (IV).

I. La remise en cause de la conception libérale de l'intérêt général

La conception libérale de l'intérêt général subit une contestation majeure : il n'est pas certain que l'autonomie du secteur privé qu'elle prône soit à même de gouverner une société responsable de l'intérêt général des citoyens.[134] L'idéal du libéralisme, selon lequel l'intérêt privé est une volonté

---

[134] M. SASSOLI, « *La responsabilité internationale de l'Etat face à la mondialisation, la déréglementation et la privatisation : quelques réflexions*», in DELAS/DEBLOCK (dir.), Le bien commun comme réponse à la mondialisation, Bruylant, 2003, p.5.

lucide contribuant au bien public,[135] est peut-être une utopie. Cette thèse est fondée sur un principe fragile consistant à voir dans la recherche d'un intérêt individuel une bonté naturelle. L'expression des intérêts privés est source de conflits que seule une autorité de régulation supérieure peut résoudre. Le marché a besoin de règles pour fonctionner. Et ces règles ne peuvent être apportées par la concurrence. Elles sont le fait des institutions.

Tout d'abord, la liberté économique, qui est un bien privé, repose sur la stabilité financière du système, sur le droit de propriété, sur la sécurité juridique et la prévisibilité des règles, qui sont des biens publics tendant à protéger le développement de l'économie. Le marché repose donc sur un ensemble de biens publics qu'il est incapable de produire lui-même, car ces biens ne reposent pas sur des mécanismes marchands, mais sur des principes de partage, de solidarité et d'universalité.[136] Il a donc besoin des institutions pour exister.

Ensuite, pour progresser, le marché, qui dépend beaucoup du développement technologique, a besoin d'un « *fonds commun de connaissances gratuit et accessible à tous* », un « *domaine public mondial de la connaissance* ».[137] Un tronc commun de connaissances est essentiel pour le développement ultérieur de technologies qui seront éventuellement brevetables. Plus ce tronc commun est limité, plus le rythme général du développement technique est ralenti.

---

[135] A. SMITH, *Recherche sur la nature et les causes de la richesse des nations*, Flammarion, 1991.
[136] I. KAUL (dir.), *Biens Publics Mondiaux : la coopération internationale au XXI ème siècle*, PNUD, Economica 2002, pp. 200 et s.
[137] http://www.avataria.org/free/queau.htm, P. QUEAU, « *Propriété intellectuelle et bien commun mondial* ».

Ainsi, toute société a besoin à la fois de biens privés et de biens publics.

En raison de la contestation, la conception libérale connaît une limite qui justifie la montée en puissance de la conception institutionnelle ou organique, qui prône la mise en place des institutions et des règles pour encadrer le libre jeu du marché et préserver les intérêts collectifs.

Le marché peut être utilisé pour produire des biens collectifs. Mais le marché ne saurait en être la seule source : la volonté politique, en s'appuyant sur le droit, devrait régir également le régime de la protection des biens communs. Dès lors, il convient de définir une politique publique mondiale qui serait autonome et s'émanciperait du régime concurrentiel international.

II. La remise en cause du rôle du droit dans l'ordre international : pour un droit qui encadre le pouvoir économique

Parce que l'économie est un thème mondial et que les systèmes économiques sont interdépendants les uns des autres, les droits destinés à régir les activités économiques sont naturellement interdépendants les uns des autres. Les législateurs nationaux sont contraints d'adopter en permanence des mesures de libéralisation économique pour adapter leur système juridique à la concurrence internationale. Le modèle de référence est le système libéral. Les règles du marché influencent le contenu du droit, l'économie est un but, le droit son moyen.

Par conséquent l'approche de l'Etat comme « *espace indépendant de législation établi par le peuple ou par ses représentants* »,[138] n'est plus applicable puisque ce n'est pas la volonté du peuple qui détermine la législation mais la nécessité de s'adapter aux exigences du marché. Or, classiquement, c'est le rôle du droit que de soumettre ces forces aux contraintes qu'il détermine afin de préserver l'intérêt général.

Dans l'ordre national, cette exigence est facile à mettre en œuvre, puisqu'il existe une structure politique unique disposant du monopole de la contrainte publique. Dans l'ordre international, la multiplicité et la souveraineté des Etats engendrent une concurrence internationale dans la production normative en matière économique. Or, cela aboutit à une concurrence des systèmes juridiques, qui ne permet pas au droit de jouer pleinement son rôle de régulation sociopolitique. A certains égards, le droit peut être vu comme un instrument pour satisfaire les opérateurs économiques, au point d'apparaître comme « *un produit de consommation courante détaché de toute référence dogmatique* ».[139]

C'est là un contexte préjudiciable à la protection des valeurs non marchandes, car en donnant un statut « supra législatif » aux libertés économiques, on affaiblit les techniques juridiques susceptibles de discipliner l'exercice du pouvoir économique. Or, on sait qu'une libéralisation non maîtrisée va à l'encontre de l'intérêt collectif, car elle ne privilégie que des intérêts particuliers et des profits à court terme.

La politique et le droit appartiennent aux Etats, dont le rôle doit être redéfini, non plus comme le soutien du développement économique, mais comme le responsable de la cohésion sociale et du bien-être de l'humanité. Une telle préoccupation devrait

---

[138] P. MOREAU DEFARGES, « *Droit et mondialisation* », in L'entrée dans le XXI ème siècle, Que sais-je ?, PUF 2005, p. 218.
[139] A. MARTIN-CERF, « La mondialisation des instruments juridiques », in La mondialisation du droit, *RIDE* 2001, p.191.

aboutir à reconnaître la nécessité de définir une cohésion mondiale avec la création d'un régime de propriété publique à cette échelle. La cohésion mondiale invite à mettre en œuvre le principe de solidarité d'après lequel, toute activité qui contribue à la mise en œuvre de l'interdépendance sociale est légitime à être prise en charge par le droit, par le biais d'une politique d'intérêt général.

L'exigence de solidarités internationales qui marque notre époque appelle à redéfinir le droit et l'importance du rôle des autorités internationales dans la régulation de la société mondiale. La mise en œuvre de services publics mondiaux invite à promouvoir une souveraineté juridique de l'intérêt mondial qui serait autonome des lois du marché. En raison de la globalisation des sociétés, certains se sont interrogés sur l'opportunité de créer un « *contrat mondial* »,[140] pacte entre les Etats pour instituer un gouvernement mondial en charge d'une cohésion mondiale dans les relations interétatiques.

Ce redéploiement du politique et du droit dans le marché permettrait de redonner au collectif, ses droits sur le particulier. Si l'économie permet le développement, elle favorise avant tout les intérêts privés, alors que la politique a pour fonction principale de satisfaire les besoins collectifs.

Pour Ch. Leroy, la mondialisation précipite « *les Etats et les individus dans un espace d'où le droit a été chassé* », un espace « *qui n'est régi que par les rapports de force* ».[141] Les crises financières mondiales résultant de l'absence d'encadrement de

---

[140] M. MOHAMED SALAH, *Les contradictions du droit mondialisé*, PUF 2002, pp. 144-160.
[141] C. LEROY, « La mondialisation par le vide politique », *Le Monde*, 12 septembre 2000.

la machine économique mondiale,[142] confortent cette idée que les seuls rapports de force économiques sont impuissants à prévenir et à enrayer les problèmes. La crise financière actuelle en apporte la preuve. Elle aurait pu être évitée si une régulation plus forte avait été mise en place pour la contenir. Il faut donc une contrainte extérieure, une intervention juridique dictée par une volonté politique en vue d'encadrer et de discipliner la concurrence.

Le concept, non seulement érige la propriété publique mondiale en une branche autonome du marché relevant de la compétence concertée de la communauté internationale, mais plus encore, il affirme sa vocation à encadrer le marché afin qu'il ne porte pas atteinte à l'objectif du bien collectif.

Le concept implique d'introduire dans l'ordre international une approche institutionnelle pour donner à la volonté publique une plus grande importance et une plus grande autonomie par rapport aux forces du marché. Cette exigence devrait être facilitée par le contexte de la société mondiale qui, en rapprochant les individus, crée chez eux le sentiment d'appartenir à une même société. Par la suite, le développement d'un droit public mondial devrait s'en trouver facilité.

Une plus forte organisation politique de la société mondiale permettrait de tracer des limites à l'intérieur desquelles les activités économiques et les systèmes juridiques des Etats pourraient se concurrencer dans le respect des valeurs communes.[143] C'est ainsi que l'idée d'élaborer un « *ordre*

---

[142] E. COHEN, *L'ordre économique mondial. Essai sur les autorités de régulations*, Fayard, 2001, pp. 132 et s.; C.-A. MICHALET, « *L'évolution de la législation sur les investissements directs étrangers et la dynamique de la mondialisation* », in Mélanges P. KAHN.
[143] L. BOY, « Le déficit démocratique de la mondialisation du droit économique et le rôle de la société civile », *RIDE*, 2003, pp. 482-84.

concurrentiel mondial »,[144] intègre l'idée qu'il faut redonner au droit la capacité d'encadrer l'économie, car la concurrence non maîtrisée est une situation porteuse de dangers multiples. La privatisation et la pression concurrentielle de la société internationale, appellent un nouvel équilibre entre le domaine concurrentiel et le domaine public d'intérêt mondial.[145]

III. L'ébauche d'une approche institutionnelle pour encadrer les règles du capitalisme

Dans l'ordre international, il y a désormais un consensus sur la nécessité de parvenir à un encadrement de la concurrence. C'est ainsi que l'idée d'un « *Global Competition Initiative* », ou droit international de la concurrence, a fait jour. Mais cette initiative tend plutôt à harmoniser les droits nationaux de la concurrence, elle n'a pas pour objet de créer un régime multilatéral en vue d'une concurrence internationale saine. Elle est toutefois intéressante en ce qu'elle permet d'encadrer les rivalités existantes entre les droits nationaux de la concurrence, ce qui ébauche une approche institutionnelle de la concurrence en inscrivant celle-ci dans un cadre multilatéral.

---

[144] A. PIVORANO, « *Logique concurrentiel et logique contractuelle* », *in Les transformations de la régulation juridique*, G. MARTIN (dir.), LGDJ, 1998 ; P. MOREAU-DEFARGES, « *Droit et mondialisation* », in *L'entrée dans le XXI ème siècle*, p.218 ; A. MARTIN-CERF, « La mondialisation des instruments juridiques », in La mondialisation du droit, *RIDE* 2001, p. 191.

[145]M. SASSOLI, « *La responsabilité internationale de l'Etat face à la mondialisation, la déréglementation et la privatisation : quelques réflexions*», in DELAS/DEBLOCK (dir.), Le bien commun comme réponse à la mondialisation, Bruylant, 2003, p. 220.

Les institutions financières de Bretton Woods (FMI, Banque mondiale), l'OMC, et l'OCDE considèrent désormais que la pauvreté doit être combattue par la communauté internationale. A l'instar des agences des Nations Unies, ces institutions se sont engagées dans une recherche de compromis en vue d'éliminer la pauvreté et de promouvoir le développement pour tous. Dans cet esprit, les grandes organisations internationales cherchent à développer des mécanismes de coopération interinstitutionnelle et à renforcer leur collaboration avec la société civile, soucieuse également de combattre ce mal public.[146] C'est ainsi que la Banque mondiale, prêteur international de fonds, intervient dans la lutte contre la pauvreté des Etats emprunteurs, en cherchant à moderniser et à rendre efficaces leurs institutions et leur droit. En collaboration avec d'autres bailleurs bilatéraux et multilatéraux, la Banque mondiale a élaboré le Cadre stratégique de lutte contre la pauvreté (CSLP) ainsi que le Cadre de développement intégré (CDI), qui réglementent les conditions d'accès aux fonds (v. engagements de réforme institutionnelle et respect des droits de l'homme[147]).

Par ailleurs, la crise financière internationale actuelle appelle une redéfinition des règles de l'économie fictive basée sur la spéculation boursière. Le contraste entre l'économie réelle, qui se compte en salaire mensuel, et l'économie fictive, qui se compte en millions à la seconde, aboutit à faire perdre tout repère raisonnable. Les politiques de libéralisation et de la privatisation à outrance peuvent donner lieu à des crises

---

[146] J.-P. THERIEN, « *Pauvreté mondiale, à la recherche de nouveaux compromis* », in DELAS/DEBLOCK (dir.), Le bien commun comme réponse à la mondialisation, Bruylant, 2003, pp. 503 et s..
[147] B. CAMPBELL, « *Le bien commun, le développement et la pauvreté : quelques réflexions sur le discours et la stratégie des organismes multilatéraux* », in DELAS/DEBLOCK (dir.), Le bien commun comme réponse à la mondialisation, Bruylant, 2003, pp. 475 et s..

financières désastreuses dont les dommages ne pourront plus être maîtrisés. C'est pourquoi il convient de limiter cette libéralisation en édictant des règles pour maintenir la stabilité financière internationale qui relève de l'intérêt général de tous.

Mais force est de constater que cette volonté d'encadrement n'est pas encore à la hauteur des défis actuels. L'autonomie du marché et la liberté des entreprises sont telles, que les Etats sont entraînés dans une course à la compétitivité pour satisfaire les entreprises. Ce qui n'est pas une condition propice à la réalisation de l'intérêt collectif. Celui-ci suppose au contraire que la volonté politique et le droit soient autonomes du marché pour être en mesure de s'imposer à celui-ci. Le droit doit être en mesure d'imposer des limites au marché.[148]

La conception libérale de l'intérêt général suppose de laisser aux acteurs privés, une grande liberté qui contribue à la définition de l'intérêt général.

IV. La remise en cause du régime commercial multilatéral

Le système économique international se voit désormais astreint à respecter des valeurs éthiques (A), ce qui implique de trouver une régulation permettant de rendre efficace le respect de ces valeurs. A cet effet, certains ont prôné l'intégration des valeurs éthiques non marchandes dans les règles de concurrence (B). Toutefois, en dépit de la reconnaissance du besoin d'humaniser l'économie mondiale, la prise en compte de ces valeurs par l'OMC demeure théorique (C).

---

[148] M. RIOUX, *Concurrence et biens communs dans une économie globale*, in DELAS/DEBLOCK (dir.), Le bien commun comme réponse à la mondialisation, Bruylant, 2003, p. 246.

A. Vers l'émergence de l'éthique pour un nouvel ordre économique mondial plus solidaire

L'éthique est un thème récurrent qui vient donner un visage humain à l'économie. Elle est une exigence utilisée pour sanctionner des comportements contestables. L'ordre international s'approprie cette exigence lorsque l'on considère que des tribunaux ont développé des sentences arbitrales qui annulent au nom de l' « ordre public transnational » des contrats entachés de corruption,[149] ou encore des contrats illicites portant sur un monument du patrimoine de l'humanité.[150] Mais l'éthique comme encadrement de l'économie est un thème émergent qui n'a pas encore trouvé un fondement textuel solide dans l'ordre international.

Selon Bernard Oppetit, parce que la société mondiale trouve ses origines dans la volonté de libéraliser les économies, elle s'est appropriée un mode de fonctionnement autonome basé sur le marché, et ne peut donc être contrainte de reconnaître des valeurs susceptibles d'entraver la liberté économique.[151] La jurisprudence de l'organe juridictionnel de l'OMC donne raison à cette affirmation, car elle privilégie la liberté économique et ne se soucie que de l'objet pour lequel l'OMC a été crée - i.e. les questions liées au commerce [152] - en vertu du principe de spécialité des traités.

---

[149] V. par ex., sentence, CIRDI, *Hilmarton*, du 19 août 1988, *Rev. Arb.*, 1993, p. 327.
[150] Sentence, CIRDI, *Affaire du plateau des pyramides*, du 16 février 1993, *Rev. Arb.*, 1986, p. 106.
[151] B. OPPETIT, *Droit du commerce international et valeurs non-marchandes*, Helbing & Lichtenhahn, 1993, p. 309 et s.
[152] T. FLORY et N. LIGNEUL, *Commerce international, droits de l'homme, mondialisation : les droits de l'homme et l'OMC*, Publications de l'Institut international des droits de l'homme, Bruylant, 2001, p.180.

L'ordre public exprime la défense d'un intérêt général essentiel pour une société. La notion d'ordre public économique mondial, c'est-à-dire l'idée même d'introduire un ordre public dans le droit du commerce international, appelle à une remise en cause du régime actuel, et prône un système global de gestion à la fois économique et politique du développement. Il convient de réformer le régime actuel dans l'intérêt général de la société mondiale, qui ne peut continuer à exister paisiblement que si l'on adopte une approche institutionnelle qui contribue à définir une cohésion mondiale.

A cet effet, un double bouleversement est nécessaire : d'une part, le marché et la concurrence doivent être encadrés par le droit grâce à une approche organique de la régulation économique ; d'autre part, il convient de redéfinir des règles économiques en adoptant une approche globale qui intègrerait des préoccupations non marchandes, non prises en charge par l'OMC, mais qui participent d'un ordre public et d'une cohésion mondiale.[153] Comme le prône l'OIT, l'intégration des normes non marchandes dans le corps des règles de concurrence devrait assurer avec efficacité, le respect de ces normes par le marché.

B. Vers l'intégration des valeurs non marchandes dans les règles de concurrence

L'OMC est l'organisation internationale en charge de régir les échanges entre les Etats. C'est l'organisation qui a la plus large compétence, puisque ses accords s'imposent aux Etats, et son Organe de règlement des différends contribue à faire respecter ces textes. Par ailleurs, les membres de l'OMC ont

---

[153] F. LILLE et F.-X. VERSCHAVE, *On peut changer le monde : à la recherche des biens publics mondiaux*, La Découverte, 2003.

élargi la compétence de celle-ci à d'autres matières. Ils ont intégré dans le système de l'OMC des dérogations permettant de mettre en œuvre des préoccupations de santé publique et de protection de l'environnement.

Cette étendue de compétences de l'OMC invite à se demander si cette organisation ne devrait pas utiliser la force de son système pour prendre à son compte les principes non marchands, de sorte à rendre les règles du marché conformes aux autres droits internationaux - droit de l'environnement, règles de l'OIT, droit international des droits de l'homme-. En effet, on réfléchit sur l'opportunité de définir un « *ordre public économique mondial* »,[154] pour mettre en place une « *concurrence équitable* » qui intègrerait dans les règles économiques, des dimensions sociales et environnementales. Les questions de protection de l'intérêt public mondial pourront ainsi être prises en compte, par leur intégration dans les règles existantes. On sait que le droit commercial international protège les marchés contre toute forme de concurrence déloyale. Dès lors, pourquoi ne pas considérer que le non respect des normes sociales ou environnementales constitue une forme de concurrence déloyale contraire au régime de l'OMC, ce qui permettrait à des règles d'ordre public d'avoir la même efficacité que les règles économiques.[155]

On considère que le régime du commerce international doit également se préoccuper d'autres valeurs que celles du marché, de façon à assurer la conformité des règles économiques avec

---

[154] M.- A. HERMITTE, « Fabriquer jusqu'au bout l'homme de marché » ?, *Le Monde diplomatique*, janvier 1991.
[155] M. SASSOLI, « *La responsabilité internationale de l'Etat face à la mondialisation, la déréglementation et la privatisation* », in DELAS/DEBLOCK (dir.), Le bien commun comme réponse à la mondialisation, Bruylant, 2003, p. 313.

des besoins non économiques, et permettre ainsi des solutions globales cohérentes.[156]

Certains se préoccupent plus spécifiquement d'intégrer les exigences d'ordre environnemental dans le droit du commerce international, « *des objectifs écologiques dans les objectifs économiques* ».[157] Le thème récurrent de développement durable soutient cette initiative en cherchant à intégrer dans une approche globale des préoccupations à la fois économiques, sociétales et environnementales.

L'ONU, elle-même, a affirmé que le développement que permettent les échanges internationaux est un « processus global, à la fois économique, social, culturel et politique ».[158] Cette exigence rappelle le modèle européen, système économique et politique ayant une approche globale qui intègre les valeurs sociales et environnementales dans la politique économique. Pour expliquer ce système, l'on considère que les valeurs morales relèvent des droits de l'homme qui s'imposent à l'économie ; qu'ils doivent faire partie intégrante de « *l'ordre concurrentiel qui ne saurait se ramener à un ordre purement commercial fondé sur la seule libre circulation des marchandises* ».[159]

---

[156] D. de la GARANDERIE, « *Ethique et commerce international : de la mondialisation de l'économie à l'universalisation des droits* », in CJFE/CFCE, dossier Ethique et commerce international, 2000, n° 2, pp. 337 et s.
[157] C. NOIVILLE, *Essai sur les régimes juridiques des ressources génétiques marine. Ressources génétiques et droit*, Pedone, 1997, pp.13 et s.
[158] Déclaration de l'ONU sur le développement, 4 décembre 1986.
[159] J. MERTENS de WILMARS et H. NYSSENS, « *Intégration européenne et correction des mécanismes du marché* », in Philosophie du droit et droit économique, quel dialogue ?, Ed. Frison-Roche, 1999 ; L. CARTELIER, « *Politique européenne de la concurrence et nouvelles régulations publiques* », in Philosophie du droit et droit économique, quel dialogue ?, Ed. Frison-Roche, 1999.

Cette préoccupation doit être inscrite dans les accords de l'OMC, car il n'y a pas de droit dérivé dans le droit de l'OMC qui permettrait cette extension de compétences. Cette décision relève donc, in fine, de la compétence des Etats membres.

C. L'absence de reconnaissance des valeurs morales

Tout le problème est que les valeurs morales qui prétendent encadrer les règles économiques ont une dimension collective, diffuse et non juridiquement définies pour leur permettre de bénéficier d'une protection concrète. L'ordre international, et notamment le régime du commerce multilatéral, ne tient compte que des intérêts bien définis consacrés par un instrument international. Pour le régime du commerce mondial, les préoccupations de protection des consommateurs dans l'accès aux biens collectifs ne sont pas un thème régi par un instrument international lui permettant d'être reconnu et protégé. Il n'existe pas de traité prenant en charge la protection des valeurs collectives.

Pour l'heure, les intérêts diffus et les biens collectifs peuvent être pris en charge par le droit national sur le fondement des exceptions d'ordre public de l'Accord de l'OMC, ce qui suppose qu'ils doivent être justifiés et ne pas entrer en contradiction avec les règles économiques protégées. Le régime du commerce multilatéral ne protège que les libertés inscrites dans des instruments commerciaux. Il n'est pas un système intégral qui adopte une approche globale permettant de prendre en compte les intérêts publics.[160] La protection bénéficie aux commerçants, celle des consommateurs et du public n'est pas

---

[160] J. DREXL : « Les principes de protection des intérêts diffus et des biens collectifs : quel ordre public pour les marchés globalisés ? », *RIDE*, 2003, pp. 394-407.

prise en charge. C'est dans ce contexte qu'un mouvement social mondial se fait jour, pour dénoncer un régime de privilège des élites. L'action des alter mondialistes est remarquable à cet égard.

Le concept de biens publics mondiaux participe aussi à cette revendication : il a pour vocation de protéger les valeurs collectives en instituant un régime de la propriété publique mondiale autonome des contraintes des lois du marché.

En droit communautaire, en raison de l'approche politique et global de son système, l'intégration des normes sociétales dans la définition des autres politiques de l'Union est effective. Pour s'en convaincre, notons l'existence de *« clause de droits de l'homme »* que la Communauté européenne insère généralement dans ses accords de coopération avec les pays en développement pour les inciter à respecter les droits de l'homme dans la définition de leur politique de développement économique.[161] Il est donc évident que l'Union européenne dispose de moyens juridiques pour contraindre le développement économique à respecter les droits de l'homme. Il n'en est rien dans l'ordre international, qui manque de cohérence et d'une approche globale dans la définition de politiques publiques. A l'instar du droit de l'Union européenne, on peut envisager que le droit de l'OMC intègre une « clause droits de l'homme » dans ses accords afin de conditionner la liberté économique au respect des droits de l'homme.[162] Ce qui permettrait une certaine reconnaissance des valeurs morales par l'OMC et une approche globale du développement économique.

---

[161] V. le premier rapport de l'Union européenne sur les droits de l'homme du 11 octobre 1999, Agence Europe, 12 octobre 1999.
[162] A.-C. HABBARD, M. GUIRAUD, « L'OMC et les droits de l'Homme: Pour la primauté des droits de l'Homme. Pour la création d'un statut consultatif des ONG », *La Lettre,* 2001, n° 320, p. 7.

Même si les normes sociétales et environnementales commencent à être prises en compte par les organisations économiques internationales, l'approche demeure timide. Cette timide prise en compte des normes non marchandes est d'autant plus insuffisante que ces organisations, obligées par le principe international de spécialité, manquent de moyens pour développer leur politique selon une approche globale et cohérente. La vertu de ce principe international autorise même à faire prévaloir les règles économiques (domaines de spécialité de ces organisations) qui entrent souvent en contradiction avec les valeurs de solidarité.

L'approche mise en avant par l'OMC est que les droits de l'homme représentent des entraves au libre-échange. Aussi, pour que les droits fondamentaux puissent être légitimement reconnus, l'OMC appelle à ce qu'ils soient conformes à la liberté du commerce,[163] ce qui inverse la hiérarchie des valeurs en faisant de la liberté économique une valeur absolue.

En l'état, la mise en œuvre de l'intérêt public mondial est donc insuffisante.

Section 2 : la supériorité des biens publics mondiaux sur les biens publics nationaux

Le concept préconise la reconnaissance d'une propriété publique mondiale (I). Partant, il appelle à instituer un régime international de la propriété publique qui devrait s'imposer au régime international du commerce (II). En l'absence d'un tel régime, le concept est confronté à l'autonomie des droits

---

[163] *Ibid*

nationaux, ce qui, en l'état, rend difficile sa mise en œuvre, en raison de la diversité des intérêts publics des Etats, qui peut engendrer des contradictions de biens publics (III).

I. La définition d'une politique publique mondiale

Le concept suppose de définir une politique publique mondiale qui mettrait en œuvre une volonté politique mondiale destinée à protéger les droits des citoyens du monde. Tout le problème est qu'il n'existe pas dans l'ordre international de telle politique, car la société mondiale est une société interétatique fondée sur la coopération internationale. La société mondiale n'a pas de personnalité propre en ce sens qu'elle n'a pas encore de reconnaissance en tant que sujet autonome des Etats, légitime à revendiquer des droits propres. Une telle reconnaissance suppose que les Etats acceptent d'abandonner leurs prérogatives de puissance publique pour se soumettre aux décisions d'un organe supranational qui serait en quelque sorte, un gouvernement mondial dont le rôle naturel serait d'administrer par des décisions obligatoires le fonctionnement du monde.

Un tel système est utopique car il suppose la disparition des Etats et une approche uniforme du monde. Or, la société mondiale actuelle est solidement caractérisée par le principe de la coopération internationale et le principe de spécialité des traités. Si la mondialisation réunit les sociétés et les peuples pour les faire travailler et progresser ensemble, elle n'a pas pour ambition de faire disparaître les Etats ni la diversité culturelle qui fait toute la richesse du monde. La société mondiale ne demeure qu'une scène internationale, un cadre privilégié des échanges entre Etats. Elle est au service des Etats pour permettre des relations pacifiques entre eux.

Dès lors, si politique publique il y a, elle relève principalement de la compétence étatique, soit nationale, soit concertée dans le cadre d'un traité. Néanmoins, en présence d'un traité qui définirait le régime international d'un bien public en particulier, par exemple l'environnement, non seulement tous les Etats du monde ne seront pas parties à cet accord puisque rien ne les y oblige, mais en plus les Etats engagés seront toujours libres de s'en délier.

Les actions des Etats dans l'ordre international sont en effet mues par la préservation de leurs intérêts propres. Et si on ajoute à cela, le caractère non contraignant de nombreux instruments internationaux et le principe de coopération internationale, l'idée d'un gouvernement mondial, responsable de la mise en œuvre des politiques d'intérêt mondial, est un leurre.

II. Vers un régime multilatéral de la propriété publique

Le régime international qui est envisagé par la théorie des biens publics mondiaux est le multilatéralisme, car il répond au souci de ne préserver que l'intérêt public mondial (A). Mais pour des raisons pratiques tenant à l'importance du principe de proximité dans la détermination des problèmes et de leurs solutions, le principe de subsidiarité semble plus efficace (B).

A. Vers le multilatéralisme

La mise en œuvre du droit international de l'environnement et les exceptions d'ordre public du régime de l'OMC se font conformément au principe de subsidiarité, qui commande que les problèmes soient résolus au plus près du niveau où ils se trouvent.[164] C'est ainsi que l'ordre international appréhende la mise en œuvre des biens publics comme relevant de la compétence étatique. Les exceptions d'ordre public du régime du commerce multilatéral ou encore le principe de précaution du droit international de l'environnement laissent aux Etats la compétence de définir leur politique en matière de protection de leur intérêt national. Le principe de subsidiarité suppose de préserver la souveraineté étatique de l'Etat qui revendique l'application de la règle.

Le principe de l'égalité souveraine des Etats qui domine la société internationale interdit toute intervention dans les affaires intérieures d'un autre Etat. Dans ce contexte, lorsqu'un problème se pose au niveau d'un Etat et porte atteinte à l'intérêt mondial, il n'y a pas de possibilité de faire prévaloir l'intérêt de la société mondiale. En cas d'atteinte aux droits de l'homme notamment, la communauté internationale ne peut intervenir sans porter atteinte à ce principe. La souveraineté étatique conduit à ne pas reconnaître les individus comme sujets de droit international.[165]

C'est là une situation qui rend difficile la réalisation des objectifs de protection des intérêts collectifs, qui prône un régime multilatéral conscient à la fois de la diversité des biens publics et du besoin de leur unité à l'échelle mondiale. Les biens publics mondiaux invitent à se préoccuper avant tout de l'intérêt mondial qui transcende les intérêts étatiques pour constituer un ordre public transnational, autonome, des ordres étatiques. Les biens publics tels que définis par les Etats peuvent cacher des objectifs protectionnistes qui vont à l'encontre des valeurs communes de la société internationale.

---

[164] D. CARREAU, P. JUILLARD, *Droit international économique*, Dalloz Sirey 2007, p. 297; F. KAUFF-GAZIN, D. SIMON (dir.), *La notion d'intérêt général en droit communautaire*, Thèse, 2001.
[165] J. MORANGE, *Les libertés publiques*, Que sais-je ?, PUF, 2007.

B. Vers le principe de subsidiarité

Pourtant, en présence d'un traité, la volonté collective n'est pas toujours efficace car les problèmes peuvent se matérialiser à l'intérieur d'un seul Etat et ne sont pas toujours prévisibles. Il est dès lors nécessaire de garantir une autonomie au législateur national, et de prévoir la compétence de proximité des Etats.

Le principe de subsidiarité est une nécessité pratique, qui crée un contexte difficile à l'objectif de protection de l'intérêt mondial. Le principe de subsidiarité relève du respect des souverainetés et des intérêts étatiques. En raison de la multiplicité des Etats et de la diversité politique et culturelle du monde, il est difficilement concevable d'abandonner la compétence des Etats pour encadrer les situations relevant de leur territoire. Il n'est pas plus concevable d'exclure la compétence étatique pour décider des mesures à prendre pour régir des problèmes qui les concernent directement.

L'idée même d'une harmonisation pour permettre une culture commune de la propriété publique mondiale, semble rencontrer de nombreuses difficultés en raison du manque d'unité de la société internationale, tenant à des disparités de culture juridique, économique, politique et culturelle.[166] Seule la science constitue une unité de connaissance fondée sur les lois universelles. Les régimes socio-économiques et la culture notamment sont des questions qui relèvent du respect de la diversité, source d'enrichissement pour le monde.

Si la société internationale unit les peuples dans les malheurs qui les frappent collectivement, en dehors de ce contexte, l'émergence de valeurs communes n'est pas évidente dans un

---

[166] J. DREXL : « Les principes de protection des intérêts diffus et des biens collectifs : quel ordre public pour les marchés globalisés ? », *RIDE* 2003, pp. 394-407.

monde où une telle diversité existe, et où le degré de développement n'est pas uniforme.

En dehors des conséquences à tirer d'un problème survenu, la définition dynamique des biens publics mondiaux peut donc difficilement se mettre en place. Ce qui contraint à une vision négative de la détermination et de la réalisation des biens publics mondiaux. Le concept invite au contraire à une approche positive de l'intérêt mondial consistant à prévenir les problèmes en organisant une convergence d'intérêts. Cela est certes plus difficile mais pas impossible.

Mais l'existence d'une propriété publique mondiale que ce concept appelle de ses voeux est difficilement concevable dans un monde, aujourd'hui encore, dominé par la souveraineté et l'autonomie des Etats, un ordre dans lequel les Etats sont à la fois auteurs et destinataires des décisions, un ordre où il existe une diversité d'approches de l'intérêt public.

Cette dernière difficulté ne peut être dépassée que si se met en place un régime multilatéral des biens publics mondiaux.

III. Un régime international de la propriété publique insuffisant fondé sur la souveraineté étatique et la concurrence

La mise en place d'un régime multilatéral de la propriété publique que suppose le concept de biens publics mondiaux rencontre deux difficultés : la diversité des conceptions de la propriété publique (A), ainsi qu'un mode international de protection des biens publics dépendant de la liberté économique (B).

A. L'absence d'une conception uniforme de la propriété publique

Les politiques publiques mondiales s'élaborent dans un cadre juridictionnel fondé sur la compétence nationale, alors même que les questions peuvent avoir une répercussion mondiale et exigent une démarche transnationale qui permet de dépasser les contradictions des Etats. A cet égard, Mireille Delmas-Marty, a considéré que le droit à la santé est une « *question d'ordre public international* », parce qu'il est consacré par de nombreux instruments internationaux et constitutionnels, ce qui donne à ce droit une valeur commune d'intérêt mondial, c'est-à-dire un caractère d'ordre public « *supra étatique* ».[167] L'ordre public mondial définit une cohésion sociale de la communauté internationale. Il répond au besoin de définir celle-ci. Jean Carbonnier a considéré que l'ordre public contribue à faire triompher « *la primauté de l'intérêt général sur les intérêts particuliers, de la société sur l'individu* ».[168] Les deux notions d'ordre public mondial et de bien public mondial, ont une valeur contingente en fonction des besoins de la société.

Mais ces notions ont été élaborées par la culture occidentale, et relèvent donc d'une approche particulière de l'intérêt public. Dès lors, le risque est que ces concepts ne reflètent que les préoccupations des pays occidentaux, qui peuvent constituer des mesures protectionnistes ne reflétant pas les besoins communs à tous les pays. A titre d'illustration, les Etats occidentaux, au nom du développement économique, attachent une importance primordiale à la protection du droit de propriété, qui, dans le régime international de la propriété

---

[167] M. DELMAS-MARTY, « Du désordre mondial à la force du droit international », *Le Monde*, 22 mars 2003.
[168] J. CARBONNIER. *Droit civil*. T. 4/ *Les obligations*, 22ème.éd, PUF, 2000.

intellectuelle, peut restreindre le droit à la santé, besoin essentiel pour les pays pauvres. Il y a là une contradiction de biens publics entre deux droits de l'homme, le droit de propriété et le droit à la santé. Le concept de biens publics mondiaux ne peut résoudre cette contradiction qu'en ayant une approche impartiale et globale des intérêts régionaux. Cette approche n'est possible que si elle est 'actionnée' par une instance universelle, représentant la diversité du monde et travaillant à ne prendre en compte que l'intérêt de tous.

Il n'existe pas véritablement un régime mondial de l'intérêt général tel qu'il existe dans les ordres internes. Un tel régime ne peut naître que d'un instrument international créé pour veiller à la protection des intérêts mondiaux. De tels régimes internationaux existent, mais ils ne sont pas encore en mesure de consacrer un véritable régime de la propriété publique mondiale, autonome du marché.

B. Des régimes internationaux insuffisants

Deux biens publics mondiaux nous intéressent ici tout particulièrement : la paix et les besoins essentiels.

Le régime international de la protection de la paix relevant de la compétence du Conseil de sécurité, il n'oblige pas au strict respect de la souveraineté des Etats dès lors que le Conseil, par un vote à l'unanimité, décide d'intervenir pour assurer la paix (a). En revanche la protection des besoins essentiels qui mettent en jeu le régime du libre-échange international se voit soumise à la dépendance des règles économiques (b).

a) Le régime international de la paix : une exception au principe de la souveraineté des Etats

La possibilité de réaliser la protection des intérêts communs est une réalité qui demeure de la compétence étatique. Le principe dans l'ordre international est celui de la souveraineté territoriale et politique des Etats qui implique l'interdiction à un Etat de s'ingérer dans les affaires intérieures de tout autre Etat.[169] C'est sur la base de ce principe que le régime des échanges internationaux envisage la mise en œuvre des biens publics par les Etats.

Une exception majeure est toutefois prévue pour autoriser le droit d'ingérence dans les affaires intérieures des Etats. La charte de l'ONU donne compétence à la communauté internationale pour veiller à préserver la paix dans le monde. On pense au chapitre 7 de la Charte des Nations Unies, qui permet au Conseil de sécurité, par une résolution prise à l'unanimité, d'autoriser une intervention armée de la communauté internationale en cas de menace ou de rupture de la paix.[170] C'est là une mise en œuvre multilatérale du bien public de la paix internationale qui est efficace, mais qui repose sur une dérogation à un principe bien établi, celui de la souveraineté étatique. Néanmoins, cette efficacité est toute relative dans la mesure où la décision ne peut être adoptée qu'à l'unanimité (i.e. faculté réservée aux membres permanents d'exercer leur droit de veto pour bloquer l'adoption de la décision).

---

[169] La Charte des Nations Unies affirme comme fondamental « *l'égalité souveraine, l'intégrité territoriale et l'indépendance politique de tous les Etats, le principe de non-ingérence dans les affaires intérieures des Etats* ».
[170] Chapitre 7 de la Charte des Nations unies, « Règlement pacifique des différends, Action en cas de menace contre la paix et d'acte d'agression ».

La sécurité internationale est un bien public mondial supérieur car elle est nécessaire pour favoriser le développement humain et permettre des échanges équilibrés entre Etats.

b) Le régime international des besoins essentiels : une protection lacunaire

Par besoins essentiels, il faut entendre tous les droits qui participent à permettre une vie décente. Si les droits à la vie, à la paix, à la santé, à la protection sociale et à un environnement propre, sont juridiquement reconnus dans des instruments internationaux qui les protègent, il n'en n'est pas de même de d'autres droits essentiels, qui sont tout autant légitimes à être protégés. Ainsi, comme le dénonce Jean Ziegler, le droit à l'alimentation n'est protégé par aucun instrument international. Rapporteur spécial pour le droit à l'alimentation à l'ONU, Jean Ziegler dénonce l'augmentation excessive du coût des produits alimentaires liée à la cotation en bourse de ces produits. Il estime que le droit à l'alimentation est un besoin essentiel qu'il faut protéger en écartant les produits agricoles de la spéculation boursière.[171]

L'Organisation internationale du travail (OIT) se charge de veiller à la protection internationale des droits sociaux et influence directement le régime des libertés économiques de l'OMC. Ces deux organisations envisagent ensemble d'instituer une coopération inter institutionnelle afin d'harmoniser les règles économiques avec les normes sociales. Le problème est, d'une part, que l'adhésion à leur système de règles n'est pas obligatoire pour tous les Etats ; l'ONU protégeant la souveraineté et l'indépendance politique des Etats, ceux-ci

---

[171] J. ZIEGLER, *Le droit à l'alimentation,* Fayard/Mille et une nuits, 2003.

peuvent décider de ne pas y participer. D'autre part et surtout, les agences de l'ONU et les organisations internationales en général, fonctionnent de façon autonome, selon leur spécialité propre. Elles s'occupent uniquement des questions qui relèvent de leur compétence, ou pour lesquelles elles ont été missionnées par l'ONU.

Or, du fait des interdépendances croissantes des sociétés, les questions internationales sont imbriquées les unes aux autres. Dans un monde globalisé, il n'est plus possible de résoudre une question sans se référer à d'autres questions. Le droit des échanges internationaux est soumis à l'exigence de conformité avec le droit social international de l'OIT, ainsi qu'avec le droit international de l'environnement.

Quand bien même le droit de l'ONU prévoit la coopération avec les autres institutions internationales pour mener à bien ses objectifs de développement et de paix, et les institutions de Brettons Woods, s'accordent à prendre en considération les besoins essentiels non marchands, la cohérence des systèmes existants reste à définir. Cela résulte d'une particularité du système international qui réside dans le principe de spécialité. Si les questions relevant de la propriété publique mondiale sont davantage prises en charge par les agences de l'ONU, elles ne relèvent pas d'un système global.

La protection des biens publics à l'échelle mondiale restera lacunaire tant qu'aucun texte international ne sera venu édicter un régime général de la protection sociale mondiale, plus contraignant que l'OIT, et relevant de la compétence d'un organe fort dont les décisions s'imposeront. Cette exigence ne peut être atteinte, selon Stéphane Hessel,[172] que si deux conditions seront remplies : une conscience commune au

---

[172] S. HESSEL, « Vers un Conseil de sécurité économique et social », *Le Monde diplomatique*, juillet 2003.

niveau mondial, associée à une force exécutoire relevant de la Charte des Nations Unies sous l'égide d'un Conseil de sécurité économique et social des Nations Unies. A défaut d'un tel organe, on peut envisager une fusion de l'OMC avec l'OIT, qui prendrait en charge également la protection de l'environnement, mais c'est là déjà ébaucher l'idée d'une société politique mondiale qui relève de l'utopie.

On peut enfin envisager la création d'un Plan mondial des biens publics mondiaux ou pourquoi pas un « *contrat social mondial* » qui reposerait sur la création d'une « *organisation mondiale du développement social* » (OMDS), [173] refonte de l'OMC, de la Banque mondiale et de l'OIT.

Ces propositions permettent d'adopter une conception qui intègre les biens publics dans une approche globale des relations internationales, permettant ainsi de concevoir la société mondiale comme une globalité, et non comme un simple cadre d'échanges entre les Etats. La reconnaissance et la protection des biens publics mondiaux invitent à définir une approche de la propriété publique mondiale qui transcende les conceptions étatiques des biens publics.

Section 3 : vers un bouleversement des relations internationales

La propriété publique mondiale nécessite d'adopter une approche supranationale des questions relevant des biens publics des Etats, ce qui remet en cause les principes de la coopération internationale et de l'autonomie des Etats (I). Le

---

[173] R. PETRELLA, « Pour un contrat social mondial », *Le Monde Diplomatique*, juillet 1994, n° 484.

concept implique aussi de remettre en cause le principe de spécialité des traités pour adopter une approche globale des relations internationales (II).

I. Le bouleversement des principes de la coopération internationale et de l'autonomie des Etats

Dans le domaine économique, la société internationale est fondée sur une forte intégration, *« comme si les Etats acceptaient de déléguer leurs prérogatives économiques à l'entité supranationale »*, l' OMC.[174] Les autres questions ne sont pas harmonisées au niveau international et sont laissées à la charge et à la discrétion des Etats. La théorie des relations internationales repose sur le principe de coordination des intérêts étatiques ainsi que sur la préservation des souverainetés politiques des Etats. La société internationale n'est donc qu'un simple cadre où les Etats souverains négocient et s'entendent entre eux, une société non pyramidale encore marquée par le primat du consentement des Etats. Sauf rares exceptions, la source des obligations internationales à la charge des Etats réside dans le consentement de ceux-ci.[175] Les Etats sont liés par les règles internationales uniquement parce qu'ils ont accepté de se soumettre à cette autorité. En l'absence d'un gouvernement mondial, l'Etat demeure l'autorité légitime dans un monde divisé en souverainetés étatiques. La soif du pouvoir explique que les Etats soient peu portés vers la création d'un

---

[174] G. CADET, *« Le marché : la source du bien commun ? »*, in DELAS/DEBLOCK (dir.), Le bien commun comme réponse à la mondialisation, Bruylant, 2003, op. cit., p. 254.
[175] J.-F. MARCHI, *Accord de l'Etat et droit des Nations-Unies. Etude du système juridique d'une organisation internationale*, La Documentation française, 2002, p. 8.

gouvernement commun pour résoudre les nouveaux enjeux des interdépendances mondiales. Cela supposerait qu'ils abandonnent leur souveraineté politique.

Le concept, en revendiquant l'autonomie d'une propriété publique mondiale, suppose de dépasser la simple coordination interétatique des politiques publiques. Il implique de transférer les compétences des souverainetés étatiques à un organe supranational. Ce transfert de souveraineté atténuerait la fragmentation du système international en entités étatiques diverses qui caractérise l'ordre international.[176] Il suppose une volonté politique en ce sens pour mettre sur pied un régime multilatéral de la protection des intérêts publics.

Le concept de biens publics mondiaux envisage l'autonomie de la propriété publique mondiale, non seulement par rapport au marché, mais aussi par rapport aux Etats, ce qui appelle la création d'un organe supranational compétent en matière de politiques publiques mondiales. Pour l'heure, cet organe n'existe pas. Mais l'impératif de protection des libertés publiques, en réponse au renforcement continu des libertés économiques, est un enjeu important de la globalisation des sociétés.

En raison des interdépendances croissantes liées à l'internationalisation des activités économiques et sociales, de plus en plus de questions intéressant la vie quotidienne prennent une dimension mondiale. Ce mouvement n'est pas accompagné par une régulation sociopolitique et juridique adaptée, puisque le fonctionnement de la société internationale est demeuré basé sur les relations interétatiques, alors que la société globalisée a intégré les individus comme sujets de droit international. Il convient dès lors de ménager la prise en

---

[176] P. BRAILLARD, D. MOHAMMAD-RESA, *Les relations internationales*, Que sais-je ?, PUF, 2006.

compte des intérêts de la société civile dans l'élaboration des normes internationales.

De surcroît, lorsque, par un traité international, les Etats s'entendent ensemble pour régler une question de façon concertée, la régulation est régie par le principe de spécialité. Celui-ci engendre un cloisonnement des différentes questions internationales, chacune gardant sa préoccupation et son raisonnement propre, et revendiquant son indépendance.[177]

II. Vers une approche globale des relations internationales par le bouleversement du principe de spécialité

Le droit globalisé est régi non seulement par l'autonomie des Etats, mais également par l'autonomie des thèmes internationaux, de sorte que l'ordre international est ramifié en plusieurs branches. D'un côté, les agences de l'ONU qui s'occupent des questions de paix, de justice et de développement dans le monde, de l'autre, les organismes de Brettons Woods (Banque mondiale, FMI) qui s'intéressent aux libertés économiques. C'est là une séparation de fait entre les agences qui s'occupent des valeurs non marchandes et celles qui s'occupent des valeurs marchandes. Schématiquement, l'ordre mondial est séparé en deux branches, les questions sociales du côté de l'ONU, et les questions économiques du côté des institutions de Bretton Woods. Les organisations économiques et financières intègrent peu à peu des préoccupations sociétales d'intérêt public dans leur politique de développement économique. L'accord OMC relatif aux

---

[177] M. DELMAS-MARTY, *Trois défis pour un droit mondialisé*, Le Seuil, 1998.

mesures sanitaires et phytosanitaires (SPS) intègre dans les règles économiques des préoccupations de santé publique. L'OMC s'ouvre également aux préoccupations de l'OIT ou des Accords multilatéraux sur l'environnement. Dans la même lignée, la Banque mondiale développe des politiques de développement prenant en compte le respect de l'environnement, le respect des normes de sécurité, les droits sociaux des travailleurs, le travail des enfants.

Aucune organisation ne peut 'faire cavalier seul'. La globalisation est synonyme d'unité, les questions internationales sont imbriquées les unes avec les autres. Les limites du principe de spécialité des organisations internationales doivent conduire à renforcer la coopération entre celles-ci, afin de développer une approche globale et cohérente des questions internationales.

La question est de savoir s'il faut envisager la création d'une nouvelle organisation qui aurait une approche globale de toutes les questions d'intérêt public mondial[178] -en quelque sorte, un gouvernement mondial dont les décisions s'imposeraient aux autres organisations-, ou alors simplement de coordonner les politiques des organisations existantes en vue d'une plus grande prise en compte des préoccupations non marchandes. A cet égard, Mireille Delmas-Marty considère qu'il est préférable d'intégrer les droits de l'homme dans le système du commerce mondial afin de donner aux biens publics la même efficacité que les règles économiques.[179] Cette dernière exigence est fondée sur l'idée que le libéralisme économique est souvent susceptible de porter atteinte aux droits de l'homme, de sorte

---

[178] Comme le suggère R. PETRELLA avec la création d'une « Organisation mondiale du développement social », dans son article « Pour un contrat social mondial », *Le Monde diplomatique*, juillet 1994, p. 20-21.

[179] M. DELMAS-MARTY, « *Commerce mondial et protection des droits de l'homme* », in M. DELMAS-MARTY et les années UMR, Société de législation comparée, 2005, pp. 363-377.

que la protection de ceux-ci exige les mêmes instruments que ceux utilisés pour la liberté du commerce.

Seul le domaine économique fait l'objet d'une forte harmonisation et fonctionne selon un mode supranational. Les autres domaines de droit, et notamment les politiques publiques, relèvent essentiellement de la compétence étatique. Le concept de biens publics mondiaux s'intéresse aux questions qui relèvent de la compétence politique des Etats. Or, les politiques publiques constituent le noyau dur des prérogatives de puissance politique. C'est peut-être ce caractère fortement politique des biens publics qui explique la réticence des Etats à faire prévaloir une approche supranationale en matière de politique d'intérêt général. Cela impliquerait en effet que les Etats limitent leur pouvoir politique au profit d'une entité supérieure, qui leur ferait peu à peu abandonner leur souveraineté.

Pourtant, à l'instar de la globalisation économique au 19ème siècle, la nécessité d'une globalisation des biens publics au 21ème siècle, invite à élaborer un nouveau droit global qui dépasse le principe de coopération internationale et cette division du système en espaces juridiques cloisonnés.[180] Les biens publics mondiaux supposent d'élaborer des normes communes en matière d'intérêt public qui prend en compte les intérêts des uns et des autres. C'est là une ambition difficile à mettre en œuvre en raison de la complexité et de l'hétérogénéité des sources du droit international, liées à la diversité des conceptions économiques et juridiques des Etats, et en l'absence d'un législateur international. Il en résulte une

---

[180] Pour une analyse de cette question en droit privé, voir E. LOQUIN, « *Les sources du droit mondialisé* », Droit et patrimoines, septembre 2001, p. 70.

sorte de « *bric à brac* »[181] dans le système international qui n'est pas un système global cohérent, faute d'une régulation mondiale permettant une articulation entre les différents niveaux (national, régional et international), et entre les différents thèmes du droit international. L'ordre international est constitué de trois niveaux d'échanges : les relations interétatiques, les relations entre les Etats et les individus, et enfin les relations interindividuelles.[182] Il en résulte un désordre qui est encore accentué par le fait que l'harmonisation des normes n'est forte que dans le domaine économique, les autres disciplines connaissant une harmonisation beaucoup moins développée.[183]

---

[181] G. FARJAT, « *Les pouvoirs privés économiques* », in Souveraineté étatique et marchés internationaux à la fin du 20ème siècle, Mélanges Ph. Kahn, Litec, 2000, p. 613.

[182] Dans son *Projet de paix universelle* (1795), KANT écrit que la paix doit reposer sur « *l'emboîtement harmonieux de plusieurs systèmes de droit, ceux internes aux Etats, celui entre les Etats, enfin celui englobant individus et Etats, comme citoyens d'une cité humaine universelle* ».

[183] M. MOHAMED SALAH, « La mise en concurrence des systèmes juridiques nationaux : réflexions sur l'ambivalence des rapports du droit et de la mondialisation », *RIDE*, 2001, pp. 105 et s.

Conclusion générale

Les relations internationales intègrent désormais une dimension démocratique fondée sur la contribution de la société civile dans le développement et la régulation des activités mondiales. La théorie des biens publics mondiaux tend à la reconnaissance des citoyens du monde bénéficiaire de droits et de libertés publiques, dont la protection doit être assurée par une régulation institutionnelle. Cette protection relève de la responsabilité solidaire de tous les Etats.

Si on ajoute à ce constat un recul du rôle de l'Etat, on relève une privatisation de la société internationale. Celle-ci justifierait une remise en cause de la régulation horizontale des intérêts interétatiques au profit d'une régulation verticale et pyramidale fondée sur la reconnaissance d'une citoyenneté mondiale.

Or, parce qu'il n'existe ni gouvernement mondial, ni régime international de propriété publique bien défini, il n'y a pas de démocratie à l'échelle mondiale. Aucun instrument international n'est venu fonder la définition des biens publics mondiaux. La protection des biens publics dans l'ordre international n'est pas autonome, elle s'exerce par le biais de l'application par les Etats de leurs compétences internationales. Elle s'exerce aussi sous la dépendance du dictat libéral. Seuls existent les biens publics nationaux ou régionaux tendant à la protection des intérêts étatiques. Les biens publics mondiaux en tant que droits des citoyens du monde et bien-être de l'humanité, restent à définir.

Mais comment définir un intérêt général fondé sur la citoyenneté mondiale, et 'reçu' par toutes les sociétés, dans un monde marqué par la diversité des approches économique, politique et culturelle ? La société mondiale est un espace où les Etats ne sont plus les seuls acteurs, où les multinationales défient les frontières, un espace interdépendant pétri de problèmes communs affectant toute l'humanité. Comment, dès lors, la régulation de cet espace mondial peut-elle encore être assurée par les Etats défendant leurs intérêts propres, y compris dans des projets communs ? La citoyenneté européenne, forte de sa reconnaissance, est un bel exemple de ce que pourrait être la citoyenneté mondiale : consciente à la fois de la richesse de sa diversité et du besoin de son unité, et mue par un projet d'avenir commun pour fonder l'existence d'un gouvernement mondial.

La théorie des biens publics mondiaux porte deux revendications : d'une part, la société mondiale ne saurait être qu'un marché régi par la suprématie de la liberté économique aux dépens des intérêts collectifs ; d'autre part, les peuples sont invités à adopter une conscience commune qui pourrait fonder une démocratie mondiale et faire naître un organe législatif mondial, porte-voix d'une aspiration à un monde plus juste et plus solidaire.

Le concept suppose le bouleversement des modes classiques des relations internationales, fondés sur la coordination des intérêts étatiques et le principe de spécialité des organisations internationales. Il prône une approche supranationale du fonctionnement des relations internationales. Une telle approche permettrait aux individus qui participent au développement des activités mondiales, de bénéficier directement des normes internationales de protection, sans l'intermédiaire des Etats. Pour l'heure, cette conception du monde demeure encore une utopie car elle implique la remise en cause du libéralisme, la disparition des Etats et le bouleversement de l'esprit des relations internationales fondé sur la coopération interétatique.

Bibliographie

Bibliographie générale

U. BECK, La société du risque, sur la voie d'une autre modernité, Alto Aubier, 1986.

C. CHARMARD, La distinction des biens publics et des biens privés : contribution à la définition de la notion de biens publics, 25 juin 2002, Bibliothèque de thèses, Dalloz, 2004.

O. DELAS et C. DEBLOCK, Le bien commun réponse politique à la mondialisation? Mondialisation et droit international, Bruylant, Bruxelles, 2003.

M. DELMAS-MARTY, Trois défis pour un droit mondial. Le Seuil, 1998.

L. JAUNE, « Les droits contre la loi ?: une perspective sur l'histoire du libéralisme », Revue d'histoire Vingtième siècle, janv-mars 2005.

C. JOURDAIN-FORTIER, Santé et commerce international : contribution à l'étude de la protection des valeurs non marchandes par le droit du commerce international, Litec, 2006.

I. KAUL (dir.), Biens publics mondiaux : la coopération internationale au XXIe siècle, Economica, 2002,

E. KANT, Projet de paix perpétuelle, essai philosophique, collection Mille et Une Nuits, n° 327, traduction de K. RIZET, 2001.

- Traité du droit des gens, Dédié aux souverains alliés et à leurs ministres français.

C. KINDLEBERGER, The World in Depression 1929-1939. *History of the world economy in the Twentieth Century*, 1986.

F. LILLE, A l'aurore du siècle, où est l'espoir ?, Les Belles lettres, 2006.

F. LILLE et F.-X. VERSCHAVE, On peut changer le monde : à la recherche des biens publics mondiaux, La Découverte, 2003.

M. MOHAMED SALAH, Les contradictions du droit mondialisé, coll. Droit, éthique, société, PUF, 2002.

P. MOREAU-DEFARGES, Mondialisation, Que sais-je ?, PUF, 2005.

B. OPPETIT, Droit et modernité, PUF, 1998.

P. SAMUELSON, « The Pure Theory of Public Expenditure », Review of Economics and Statistics, 1954, pp. 387-89.

A. SMITH, Recherche sur la nature et les causes de la richesse des nations, Flammarion, 1991.

J.-P. TOUFFUT, L'avancée des biens publics : politique de l'intérêt général et mondialisation, Albin Michel Economie, 2006.

P. YOLKA, Y. GAUDEMET, La propriété publique : éléments pour une théorie de la propriété publique, LGDJ,

Bibliographie sélective

Le concept

J. CARBONNIER, Droit civil. 4/ Les obligations, 22ème éd., Thémis droit privé, PUF, 2000.

C. COLARD FABREGOULE, Essai d'une théorie générale sur les successions d'Etats en matière de biens publics, Thèse, 30 janvier 1999.

J. DALODE, « Solidarités internationales et droits fondamentaux : vers les biens publics mondiaux », http://bpem.survie.org/IMG/pdf/Expose_BPM_JaDalode.pdf

P. DELVOLVE, Droit de propriété et droit public, Dalloz, 1996.

M. DELMAS-MARTY, « Commerce mondial et protection des droits de l'homme », in Mireille Delmas Marty et les années UMR, Société de législation comparée, 2005, pp. 363-377.

L. DUGUIT, L'Etat, les gouvernants et les agents, Dalloz, 2005.

E. FATOME, « Intérêt général, concurrence et service public », AJDA, 2006, pp. 67-90.

M.-A. HERMITTE, « *Fabriquer jusqu'au bout l'homme de marché* » ?, Le Monde diplomatique, janvier 1991.

P. HUGON, « L'économie éthique publique : biens publics mondiaux et patrimoines communs », UNESCO, Economie éthique n° 3, 2003, p. 7.

L. JAUNE, « *Les droits contre la loi ? : une perspective sur l'histoire du libéralisme* », Revue d'histoire Vingtième siècle, janvier mars 2005.

F. KAUFF-GAZIN, La notion d'intérêt général en droit communautaire, Thèse, Université Robert Schumann, 2001.

I. KAUL, « *Biens publics globaux, un concept révolutionnaire* », Le Monde Diplomatique, juin 2000.
- « Les coulisses de la mondialisation. Economie informelle transnationale et construction internationale des normes », Les Cahiers de la sécurité intérieure, n°52, Institut des hautes études de la sécurité intérieure, 2003, pp. 9-30.

P. LEUPRECHT, « *Contraindre le fort pour affranchir le faible* », Relations, décembre 2005, pp. 17-18.

J. MORANGE, Les libertés publiques, Que sais-je ?, PUF, 2007.

T. MORE, *L'Utopie ou Le traité de la meilleure forme de gouvernement*, traduction de M. DELCOURT, Flammarion, 1987, pp. 83-133.

Programme des Nations Unies pour le développement, Rapport mondial sur le développement humains 2002, Bruxelles, éd. De Boeck Université, 2002.

B. REMICHE, « Le brevet pharmaceutique entre intérêts privés et publics : un équilibre impossible ? », *RIDE*, 2000, p. 197.

J.-F. SPITZ, John Locke et les fondements de la liberté moderne, PUF, 2001.

J. E. STIGLITZ, interview au Monde du 6 novembre 2001.

A.-E. VILLAIN-COURRIER, Contribution générale à l'étude de l'éthique du service public en droit anglais et français comparé, Nouvelle bibliothèque de thèses, Dalloz 2004.

La mise en œuvre

W. ABDELGAVAD, « *Le commerce équitable et la société civile internationale : une chance pour la mondialisation d'un droit de l'économie solidaire* », RIDE, 2003, pp. 197-232.

A. BIHR et F. CHESNAIS, « A bas la propriété privée ! », *Le Monde diplomatique*, oct- nov. 2005.

L. BOISSON DE CHAZOURNES, « Le protocole de Kyoto sur les changements climatiques : à propos de la régulation juridique de stratégies économiques dans le domaine de l'environnement », in L'outil économique en droit international de l'environnement, MALJEAN-DUBOIS (dir.), La Documentation française, 2001.

L. BOY, « *Le déficit démocratique de la mondialisation du droit économique et le rôle de la société civile* », RIDE, 2003, pp. 482-92.

P. BRAILLARD et D. MOHAMAD-RESA, Les relations internationales, Que sais-je ?, PUF, 2006.

S. BRUMEL, Le développement durable, Que sais-je ?, PUF, 2007.

G. CADET, « *Le marché : la source du bien commun ?* », in DELAS/DEBLOCK (dir.), Le bien commun comme réponse à la mondialisation, Bruylant, 2003, op. cit., p. 254.

B. CAMPBELL, « *Le bien commun, le développement et la pauvreté : quelques réflexions sur le discours et la stratégie des organismes multilatéraux* », in DELAS/DEBLOCK (dir.), Le bien commun comme réponse à la mondialisation, Bruylant, 2003, pp. 475 et s..

L. CARAMEL, « L'influence grandissante des grandes ONG anti-OMC », *Le Monde*, 16 septembre 2003.
- « Politique européenne de la concurrence et nouvelles régulations publiques », in Philosophie du droit et droit économique, quel dialogue ?, Ed. Frison Roche, 1999.

D. CARREAU et P. JUILLARD, *Droit international économique*, Dalloz Sirey 2007.

L. CARTELIER, « Politique européenne de la concurrence et nouvelles régulations publiques », in Philosophie du droit et droit économique, quel dialogue ?, Ed. Frison-Roche, 1999.

J. L. CHAISSE, « L'énonciation des règles non commerciales par l'Organe de règlement de l'OMC », Working paper for the conference L'énonciation des normes internationales, 8ème Congrès de l'Association Française de Science Politique (AFSP), 2005.

E. COHEN, L'ordre économique mondial. Essai sur les autorités de régulations, Fayard, 2001.

L. COHEN-TANUGI, « *Le droit français s'américanise t-il ?* », Revue des deux mondes, juin 2000, p. 76.

J. DREXL, « *Les principes de protection des intérêts diffus et des biens collectifs : quel ordre public pour les marchés globalisés ?* », *RIDE*, 2003, pp. 392-406.

G. FARJAT, « *Propos critiques et utopiques sur l'évolution du droit économique et la mondialisation* », RIDE, 2003, pp. 515-21.
- Les pouvoirs privés économiques », in Souveraineté étatique et marchés internationaux à la fin du 20ème siècle, Mélanges P. KHAN, Litec, 2000, p. 613.

G. FEUER, « *Libéralisme, mondialisation et développement : à propos de quelques réalités ambiguës* », AFDI, 1999, pp. 148-64.

T. FLORY et N. LIGNEUL, Commerce international, droits de l'homme, mondialisation : les droits de l'homme et l'OMC, Publications de l'Institut international des droits de l'homme, Bruylant, 2001, p.180.

D. de la GARANDERIE, « *Ethique et commerce international : de la mondialisation de l'économie à l'universalisation des droits* », in CJFE/CFCE, dossier Ethique et commerce international, 2000, n° 2, pp. 337 et s.

A.-C. HABBARD, M. GUIRAUD, « L'OMC et les droits de l'Homme: Pour la primauté des droits de l'Homme. Pour la création d'un statut consultatif des ONG », La Lettre, 2001, n° 320, p. 7.

S. HESSEL, « *Vers un Conseil de sécurité économique et social* », Le Monde Diplomatique, juillet 2003.

A. KISS, « *Les traités cadre : une technique juridique caractéristique du droit international de l'environnement* », AFDI, 1993, pp. 792-97.

R. KOLB, « Le bien commun », in *Réflexions de philosophie du droit international*, Bruylant, Bruxelles, 2003, pp. 233-250.

S. LATOUCHE, « *Pour une société en décroissance* », Le Monde diplomatique, juin juillet 2005.

C. LEROY, « *La mondialisation par le vide politique* », Le Monde, 12 septembre 2000.

C. LONDON, Commerce et environnement, Que sais-je ?, PUF, 2001, p.94.

E. LOQUIN, « Les sources du droit mondialisé », Droit et patrimoine, septembre 2001, p. 70.

L. LUCCHINI, « Le principe de précaution en droit international de l'environnement : ombres plus que lumières », AFDI, 1999, pp. 716-31.

S. MALJEAN-DUBOIS, « *Environnement, développement durable et droit international. De Rio à Johannesburg : et au-delà ?* », AFDI, 2002.

J.-F. MARCHI, Accord de l'Etat et droit des Nations Unies. Etude du système juridique d'une organisation internationale, La Documentation française, 2002.

A. MARTIN-CERF, « La mondialisation des instruments juridiques », in La mondialisation du droit », *RIDE* 2001, op. cit., pp. 179-180.

J. MERTENS de WILMARS et H. NYSSENS, « Intégration européenne et correction des mécanismes du marché », in Philosophie du droit et droit économique, quel dialogue ?, Ed. Frison-Roche, 1999.

A. MEZHANI, « Méthodes de droit international privé et contrat illicite », Recueil des cours 2003, pp. 378 et s.

C.A. MICHALET, « L'évolution de la législation sur les investissements directs étrangers et la dynamique de la mondialisation », in Mélanges Philippe Kahn. op. cit., p. 444.

C. NOIVILLE, Essai sur les régimes juridiques des ressources génétiques marine. Ressources génétiques et droit, Pedone, 1997, pp.13 et s.

R. PETRELLA, « *Pour un contrat social mondial* », Le Monde Diplomatique, juillet 1994.

A.-E. PITAULT-CHARBONNEL, Les différents modes de fourniture des biens collectifs et leurs conséquences, Thèse, novembre 1999.

A. PIVORANO, « *Logique concurrentiel et logique contractuelle* », in *Les transformations de la régulation juridique*, G. MARTIN (dir.), LGDJ, 1998

P. QUEAU, « *Propriété intellectuelle et bien commun mondial* » : http://www.avataria.org/free/queau.htm,

F. RANGEON, L'idéologie de l'intérêt général, Economica, 1986.

B. REMICHE, « *Le brevet pharmaceutique entre intérêts privés et publics : un équilibre impossible ?* », RIDE, 2000, pp. 197-209.

M. RIOUX, Concurrence et biens communs dans une économie globale, in DELAS/DEBLOCK (dir.), Le bien commun comme réponse à la mondialisation, Bruylant, 2003.

H. RUIZ-FABRI, « *La prise en compte du principe de précaution par l'OMC* », Rev. jur. envir., 2001, pp. 55-66.

M. SASSOLI, « La responsabilité internationale de l'Etat face à la mondialisation, la déréglementation et la privatisation : quelques réflexions» in DELAS/DEBLOCK (dir.), Le bien commun comme réponse à la mondialisation, Bruylant, 2003.

A. SEN, L'économie est une science morale, La Découverte, 1999.

J.-P. THERIEN, « Pauvreté mondiale, à la recherche de nouveaux compromis », in DELAS/DEBLOCK (dir.), Le bien commun comme réponse à la mondialisation, Bruylant, 2003, pp. 503 et s..

O. TOURE, La production de biens collectifs internationaux et mondiaux par les institutions financières internationales, http://demeter.univ-lyon2.fr:8080/sdx/ thèses/contenu.xsp?id=lyon2 .2006.toure_o.

J. ZIEGLER, Le droit à l'alimentation, Fayard/Mille et une nuits, 2003.

Table des matières

Introduction — *15*
I. Le thème de la paix universelle remis à jour — 15
II. La place de l'intérêt collectif dans un monde économique — 19
III. La place de l'intérêt collectif dans un monde régi par une régulation interétatique — 20

Première partie : le concept de biens publics mondiaux — *23*

Chapitre 1 : un concept réaction aux maux publics mondiaux — 25

Section 1 : l'émergence des maux publics mondiaux — 25
   I. Les effets positifs et négatifs induits par la globalisation — 26
   II. Les nouveaux problèmes résultant de la globalisation — 27
Section 2 : la nature des maux publics mondiaux — 29
   I. Le caractère concret des maux publics : la nécessité de définir un remède — 29
      A. Atteinte à l'intégrité de la terre — 31
      B. Atteinte à la prospérité sanitaire — 32
      C. Atteinte à la justice économique — 33
      D. Atteinte à la sécurité internationale — 35
      E. Atteinte à la cohésion mondiale — 38
      F. Atteinte à la transparence dans les relations internationales — 39
   II. Le caractère abstrait des biens publics mondiaux — 39
      A. Les biens publics mondiaux : une réflexion pour contenir les maux publics mondiaux — 40
      B. La justification morale du concept de biens publics mondiaux : responsabiliser les Etats dans la préservation des intérêts communs — 41
      C. Un concept qui prescrit des objectifs à atteindre — 44
   III. Avantage et inconvénient de la contingence des maux et des biens publics mondiaux — 45

A. Les facteurs de contingence	45
B. L'avantage de la contingence : le caractère souple dans la détermination des biens publics	47
C. L'inconvénient de la contingence : la difficulté d'une définition internationale de la notion de biens publics	50
a) La diversité des régimes économiques et sociaux	50
b) L'absence d'une harmonisation des biens publics à l'échelle mondiale	51
IV. La définition organique des maux et des biens publics mondiaux	52
Section 3 : La portée des maux et des biens publics mondiaux	53
I. L'ouverture des frontières à l'origine d'une globalisation des maux publics et des biens publics	54
II. Une prise de conscience collective mondiale	55

Chapitre 2 : Un concept réaction aux intérêts privés   57

Section 1 : une opposition aux intérêts économiques	58
I. La distinction entre bien privé et bien public tenant à leur objet	59
II. La distinction entre bien public et bien privé tenant à leur régime	62
III. La création d'une propriété publique mondiale et l'obligation de sa protection par la communauté internationale	64
A. Une définition différente avec le « patrimoine mondial » et le « patrimoine commun de l'humanité »	64
B. La consécration de libertés publiques mondiales	67
C. L'obligation d'agir de la collectivité internationale	69
Section 2 : une opposition aux intérêts nationaux	72
I. Une réaction aux intérêts privés des Etats dans les relations internationales	72
II. Un thème universel et transversal	73
III. La création d'une citoyenneté mondiale	77
A. L'émergence de personnes privées dans les relations internationales et la nécessité de leur reconnaissance	77
B. Le régime international des droits fondamentaux et l'émergence de la citoyenneté mondiale	80

Deuxième partie : la mise en œuvre du concept de biens publics mondiaux dans l'ordre juridique international   *83*

Chapitre 1 : une mise en œuvre restrictive des biens publics mondiaux fondée sur des politiques économiques libérales   85

Section 1 : le défaut de reconnaissance internationale des
biens publics mondiaux   85
   I. L'absence de reconnaissance textuelle des biens publics à
   l'échelle mondiale   86
   II. La mise en œuvre des biens publics par les sujets de droit
   international   87
      A. La mise en œuvre par les Etats   88
      B. La mise en œuvre par les organisations internationales   90
Section 2 : la conception libérale de l'intérêt général   91
   I. L'approche néolibérale par opposition à l'approche
   institutionnelle de l'intérêt général   91
   II. La domination de l'approche libérale et l'émergence timide
   d'une approche institutionnelle dans le régime international   95
Section 3 : un régime des biens publics basé sur la concurrence   96
   I. La concurrence entre les Etats   96
      A. La concurrence basée sur le développement économique   96
      B. La concurrence basée sur la souveraineté étatique   99
   II. Le respect du principe de la liberté économique   100
      A. Une mise en œuvre des biens publics fondée sur la
      conformité avec la concurrence : la méthode de l'exception
      et le principe de proportionnalité   101
      B. Une mise en œuvre des biens publics fondée sur des
      incitations économiques   104
         a) Le régime international de la propriété intellectuelle   104
            1°) Le renforcement de la propriété intellectuelle   104
            2°) Les exceptions à la propriété intellectuelle   107
         b) Le régime international de protection
         de l'environnement   108
            1°) Un régime international de l'environnement
            non autonome : le concept de développement durable   108
            2°) Un régime utilisant des instruments économiques   110
            3°) Le principe de précaution   112

Section 4 : l'intégration des personnes privées dans
la production des biens publics mondiaux — 114
    I. Les réglementations incitant les acteurs privés
à préserver les biens publics — 115
    II. Le contrat de partenariat public-privé — 116
    III. Les initiatives de la société civile mondiale dans
la défense des intérêts publics mondiaux — 117
        A. Le commerce équitable — 117
        B. Une réaction contre le risque de corruption des Etats — 119
        C. La protection des besoins fondamentaux de l'homme — 122

Chapitre 2 : un concept induisant un bouleversement des relations internationales — 125

Section 1 : l'encadrement de la concurrence et la remise
en cause du régime commercial multilatéral — 126
    I. La remise en cause de la conception libérale
de l'intérêt général — 126
    II. La remise en cause du rôle du droit dans
l'ordre international : pour un droit qui encadre
le pouvoir économique — 128
    III. L'ébauche d'une approche institutionnelle pour
encadrer les règles du capitalisme — 132
    IV. La remise en cause du régime commercial multilatéral — 134
        A. Vers l'émergence de l'éthique pour un nouvel ordre
économique mondial plus solidaire — 135
        B. Vers l'intégration des valeurs non marchandes
dans les règles de concurrence — 136
        C. L'absence de reconnaissance des valeurs morales — 139
Section 2 : la supériorité des biens publics mondiaux
sur les biens publics nationaux — 141
    I. La définition d'une politique publique mondiale — 142
    II. Vers un régime multilatéral de la propriété publique — 143
        A. Vers le multilatéralisme — 143
        B. Vers le principe de subsidiarité — 145
    III. Un régime international de la propriété publique
insuffisant fondé sur la souveraineté étatique et la concurrence — 146
        A. L'absence d'une conception uniforme de la propriété
publique — 147
        B. Des régimes internationaux insuffisants — 148

       a) Le régime international de la paix : une exception au
       principe de la souveraineté des Etats   149
       b) Le régime international des besoins essentiels : une
       protection lacunaire   150
Section 3 : vers un bouleversement des relations internationales   152
    I. Le bouleversement des principes de la coopération
    internationale et de l'autonomie des Etats   153
    II. Vers une approche globale des relations internationales
    par le bouleversement du principe de spécialité   155

Conclusion générale   *159*

Bibliographie   *161*

Table des matières   *171*

L'HARMATTAN, ITALIA
Via Degli Artisti 15 ; 10124 Torino

L'HARMATTAN HONGRIE
Könyvesbolt ; Kossuth L. u. 14-16
1053 Budapest

L'HARMATTAN BURKINA FASO
Rue 15.167 Route du Pô Patte d'oie
12 BP 226
Ouagadougou 12
(00226) 76 59 79 86

ESPACE L'HARMATTAN KINSHASA
Faculté des Sciences Sociales,
Politiques et Administratives
BP243, KIN XI ; Université de Kinshasa

L'HARMATTAN GUINEE
Almamya Rue KA 028
En face du restaurant le cèdre
OKB agency BP 3470 Conakry
(00224) 60 20 85 08
harmattanguinee@yahoo.fr

L'HARMATTAN COTE D'IVOIRE
M. Etien N'dah Ahmon
Résidence Karl / cité des arts
Abidjan-Cocody 03 BP 1588 Abidjan 03
(00225) 05 77 87 31

L'HARMATTAN MAURITANIE
Espace El Kettab du livre francophone
N° 472 avenue Palais des Congrès
BP 316 Nouakchott
(00222) 63 25 980

L'HARMATTAN CAMEROUN
BP 11486
(00237) 458 67 00
(00237) 976 61 66

636982 - Janvier 2016
Achevé d'imprimer par